0.1.2
歳児保育

「あたりまえ」を見直したら保育はもっとよくなる

足立区立園の保育の質が上がってきた理由

監修　足立区教育委員会
就学前教育推進担当

編著　伊瀬玲奈
和洋女子大学 こども発達学科

Gakken

はじめに

子どもたちとともに成長を実感できる教育をめざして

生まれた時には歩くことも食べることも、何もかも苦手だったのに、それをひとつずつ、そして、次々に克服していく子どもたち。見ている私たちも成長を実感できます。

教育の目標は子どもたちが自分の成長を実感できるようになること。乳幼児期では、身近な大人の深い愛情やかかわりを通じて、豊かな感性や意欲を育み、成長するための素地をつくることが大切です。

自分の苦手「できない」を、「どうしたい」「やってみよう」に変え、自分で「こうすればいい」と対処し、あきらめずに工夫して、「できた」苦手でなくなったという喜びを次にチャレンジするためのエネルギーに換える。

私はこれを「成長エンジン」と呼んでいます。

この「成長エンジン」は子どもたちだけでなく、私たちにも一人ひとつずつ付いています。問題を可視化し、自ら考え、自ら解決していく力のことです。

これを大きくするには、「あたりまえ」のように行われている日常の中の問題、課題に気付かなければなりません。

「あたりまえ」を見直すことから成長は始まるのです。

0～2歳児は「成長エンジン」の基本性能を決める大切な時期。

この時期を子どもたちとともに過ごせる私たちは、こんなに幸せなことはありません。

子どもたちを真ん中に、保護者と、私たちと、一緒に未知の未来にはばたく、大きくて素敵な「成長エンジン」をつくりましょう。

足立区教育長　定野　司

もくじ

2 あそび場面にひそむ「あたりまえ」 57

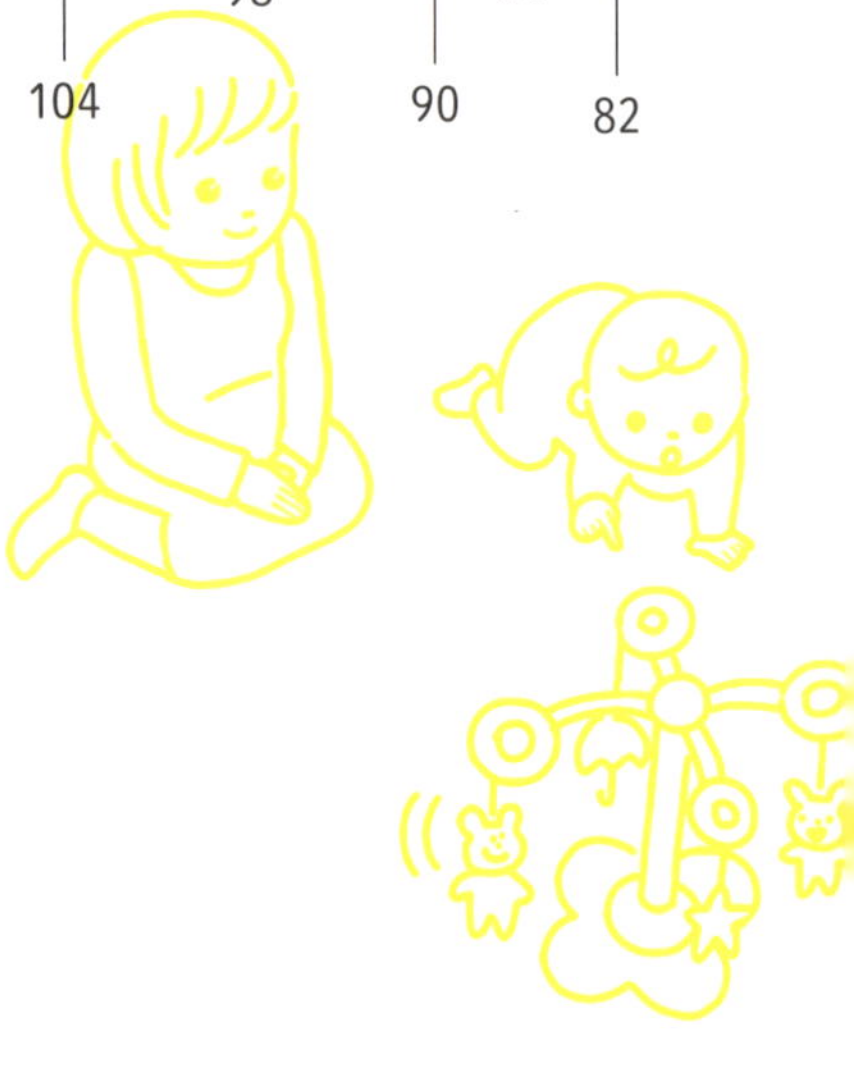

3 環境にひそむ「あたりまえ」 105

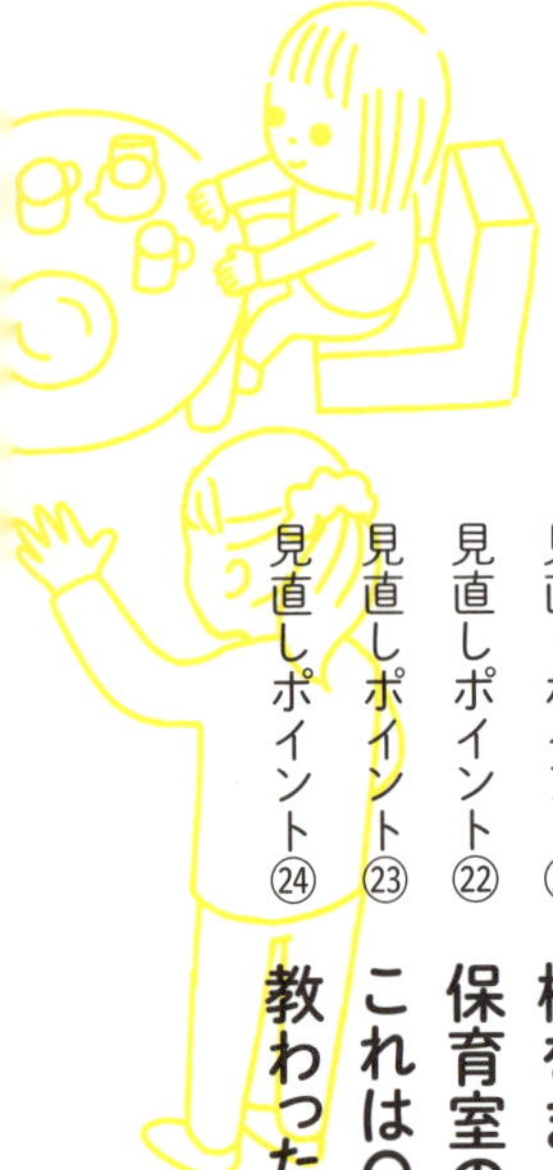

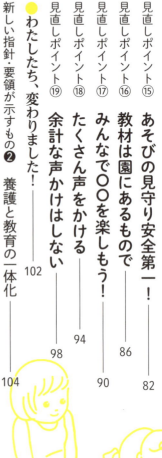

4 まだまだある！「あたりまえ」

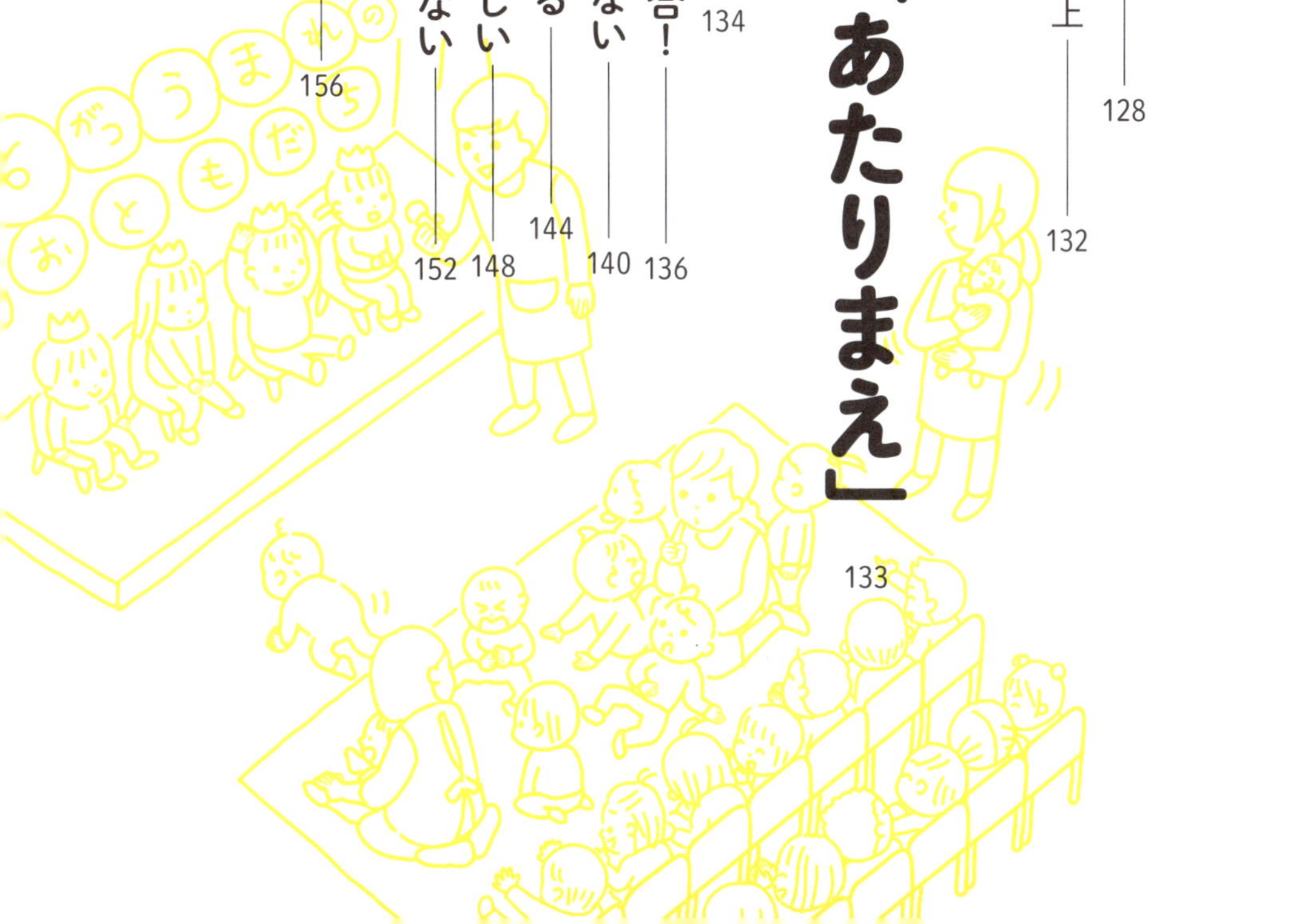

足立区、ただいま発展途上中！

足立区（東京都）では、人間尊重の精神に基づき人への信頼感を育み、多様で豊かな生活体験を積み重ねる中で「たくましく生き抜く力の基礎を培うこと」を理念として保育を行っています。

その理念のもと、平成25年から全区立園で愛着形成のための担当制保育に取り組み始めて5年が経ちました。

取り組みのきっかけとなったのは、それまで区の組織内にあった保育に関する部署（子ども家庭部）が、小学校教育との連携を強化するため、平成23年に教育委員会に編入されたことです。

学校教育と幼児教育に携わる者同士が情報を共有する中で、「生きていく上で必要な基礎学力の定着が厳しい子どもがいる」という区の現実を目の当たりにしました。その原因や対策を議論する中でたどり着いたのが、乳幼児期の育ちを見直す必要性でした。

そして、乳幼児期の育ちの中で一番大事なものは「意欲」であり、その意欲の基盤となるのは、特定の大人との応答的な関わりにより形成される「愛着」であるとの結論に達したのです。

「愛着」は乳児の情緒の安定にとってはもちろんのこと、社会性の発達にとっても重要であり、自己肯定感、自他への信頼、ひいては基礎学力の定着に影響するということです。本来、愛着は親子の間で築かれていますが、日中の長い時間を保育施設で過ごす子どもにとって、保育者は保護者に代わる存在。そこで、愛着形成のための手法の一つである担当制保育を、区の方針として実施することに踏み切りました。

平成24年にモデル園で、翌平成25年には全区立園で実施しました。

しかし実施後2〜3年は、保育現場は大混乱でした。

経験豊かなベテラン保育者が多い区立園ではありましたが、誰にとっても初めての試み！　また今までやってきたことを大きく変えることに、経験が邪魔をする現実もありました。

区として、研修はさまざまな形で行っていきましたが、園の規模も地

足立区発展途上年表

2011年

◎子ども家庭部が教育委員会に編入。

「基礎学力の定着につながるのは、（中略）乳児期の愛着形成じゃない？」

◎「担当制保育」導入についての議論、検討。

◎担当制保育実施園の視察。

◎担当制保育導入の決定。

2012年

◎モデル園（3園）で担当制保育の実施。

◎モデル園での実施報告会。

2013年

◎全保育園、こども園で担当制保育の導入。

【足立区式担当制保育】

・食事、午睡、排せつなどの生活面において、担当児を決めて関わる。

域性も、職員の認識も違うという中で、やはり鍵となるのは園長以下職員の先生方の熱意と努力。当時のことを振り返ると、たくさんの初めての取り組みに、現場の先生方は本当によく向き合ってくださったと思います。

職員の異動が毎年ある中で、現在も試行錯誤は続いていますが、取り組んでみてわかったことは、園全体で担当制保育の意義を理解し、各園に適した進め方を検討することが何よりも重要であること。子どもにと

・食事は、一斉で食べることをやめて、少人数のグループで順番に時間差をつけて実施。

2014年

◎乳児保育の集合研修の実施（以降毎年）。

◎講師による園内研修。

◎公開保育の実施。

◎園長による保育観察の実施。

◎園長を中心とした年齢別担任検討会の実施。

2015年

◎食事の時間は、子どもに合わせてだいぶ変わってきた。

2016年

◎保育中の先生たちの声が小さくなった。

2017年

◎保育所保育指針の改定版の告示。

2018年

◎本書の刊行。

まだまだ途上であることを再確認する。

って最もふさわしい生活や体験のための環境をどのように考えていくのか、保育者間の連携をどのように図っていくのか、具体的な保育のあり方を十分に検討することが大切だということを実感しています。

課題はやればやるほど見えてきて、本書の中にある「あたりまえ」を区立の園で目にすることも、やはりあります。それでも5年前とは違う、前に進んでいる！　と、現場の熱気ある話し合いの声を聞いて実感しつつ、今も悪戦苦闘中、そして発展途上中！　です。

※本書の実践は、足立区立保育園の保育士と、足立区立こども園の保育教諭によるものですが、この本の中では「保育者」という名称で統一しています。

1

生活場面にひそむ「あたりまえ」

生活場面にひそむ「あたりまえ」その1

はい、エプロン
お片付けね
デザートは
全部食べて
からね
ぶー
さっ
びくっ
見直してみるとどうなる
?

見直し
ポイント 1

みんなで一緒に「いただきます」

「ごはんだよー、みんな手を洗ってー、お椅子に座ってー」

午前中のあそびの片付けをし、手を洗って、席に着いて、エプロンをして、食事を配膳して。全員の昼食準備が終わると、ようやく「おててぱっちん、いただきます！」

午睡を始めるまでの限られた時間の中、子どもたちに食べさせ、こぼれたスープを拭き、汚れた服を着替えさせる。一日の中でも特に慌ただしい時間帯！

これが、5年前の足立区立園1・2歳児クラスの食事の様子でした。

食事の時間ってそんなものでしょ？　と、みんな思っていました。


頭にあるのは、完食させること。時間内に手際よく食べさせることができる保育者が、スキルの高い保育者と捉えられているようなところがありました。

「はい、ぱっくん」と食べ物を口に持っていくのが子どもが咀嚼《そしゃく》して飲み込むよりだいぶ早かったり、子どもが口を閉じるのを待てなくて、スプーンを上あごにつけて食べ物を置いてきたり、最後の一口にイヤイヤと首を振る子どもに「集まれ集まれ〜、はい、最後の一口（やや大盛り）！　これでお皿ピカピカ！」と迫ってみたり……。

正直、そういうことを多くの園でしていて、問題にもしていませんでした。

0・1・2歳児保育の見直しが始まり、食事の時間について振り返ってはじめて、

「これは丁寧な保育と言えるだろうか？」と考えたのです。順番に手早く食べさせる姿が、「まるでヒナの餌やりではないか？」と……。

実は、食事の時間は、乳児期に大切な「愛着」を形成するとてもよいタイミング。0・1・2歳児は、その日の気分が食事にも影響します。そして口の中が敏感なので、食材の切り方などのちょっとしたことでも不快に感じ、「イヤ」「ダメ」となりやすいもの。その繊細な「食べたい／食べたくない」気持ちに丁寧に寄り添ってくれる人のことを、子どもはとても信頼します。

「丁寧な保育」を実現するためのアプローチはいろいろあると思いますが、足立区では、大きく方法を変更。まずは「食事を一斉に食べる」ことをやめました。

子どもが自分のペースで食事できるように担当制*を導入し、少人数のグループで順番に、時間差をつけて食事をとるようにしたのです。

おなかが空いた子から食べ始め、まだあそんでいたい子はあそんでから食べる。個々の生活リズムはもともと違うため、自然と時間差が生まれます。

少人数で食べるようになっていちばんの変化は、保育者たちが子ども一人一人をじつくり見られるようになったことです。

この子は早くおなかが空く子だな、どんな風にモグモグしているかな、スプーンを持ちたいタイミングはいつかな。それぞれの食べ方や発達が見えるようになると、それまで以上に丁寧な、子どもに合わせた関わりができるようになりました。

保育者たちの意識は、「早く食べ終えさせること」から「この子はどのように食べたいのかな？」にチェンジ！　慌ただしい食事風景は消えつつあります。

＊足立区で導入した「担当制保育」は、食事や着脱などの生活習慣の場面を特定の保育者が担当するという「生活中心型担当制保育」。

この気づきで保育の質UP!

ヒナの餌やりから「その子」の食事へ。子どもが自分のペースで食べるためには？

見直しポイント 2

食事のマナーは乳児期から

好き嫌いをしない、お茶わんをきちんと持って食べる……など、食事の場面には子どもに身につけてほしいマナーがいくつもあります。

足立区立園でも、子どもたちが食事のマナーを身につけていけるように、0・1・2歳児の段階からいろいろなマナーを教えていました。

例えば、三角食べ。

保育者はおかずを順番に口に運んで、「おいしいね！」とにっこり。まだ言葉で十分に伝えられない1歳児が、ほかのおかずを指さししていたとしても、です。

デザートは食後のものだからごはんの後に出す、苦手な野菜を食べ終えないとメインのおかずを出さない、といった食事ルールは、どこの園にもありました。

子どもたちが水分ばかり欲しがるので、「麦茶のおかわりは野菜を食べ終わってから」という園もありました。……これは後になって、保育者が子どもの口の大きさをはるかに超えるスプーン山盛りの量を口に入れるので、子どもは咀嚼《そしゃく》ができなくて水分で流し込んでいることが判明。水分を欲しがらせていたのは保育者だったというオチでした。

0歳児クラスでも、保育者たちは一生懸命マナー指導に取り組んでいました。

「給食の人が作ってくれたから、残さないで食べようね」

食事のマナーを守れるように0歳児からちゃんとしつけていく。それが「あたりまえ」だと思い込んでいたのです。


どれも保育者たちが「よかれと思って」していたことです。

けれど、一人一人の食べ方に注目していくようになると、0・1・2歳児のいまこの時期に、マナーを守って食べる経験、マナーを守れなくて注意される経験がはたして必要だろうか？　と考えるようになりました。

食事は一日に何回も行うことです。

だからこそ、食事のときには目の前にいる子どもの発達や個性を大事にしていこう。将来的に身につけてもらいたいマナーをないがしろにはしないけれど、0・1・2歳児がいますぐにできるように厳しくする必要はない。少しずつ、望ましいマナーをかみくだいて伝えていけばいい――。

保育者たちがそう考えられるようになると、食事でもその子らしさを大切にしたいという意識が強くなっていきました。「給食はメニューを選べないから、せめて食べ方は子どもたちに選ばせてあげたい！」と熱く話す保育者もいました。

完食への概念も、その子の食べられる量が完食、という考えに変わりました。
「デザートは最後よ！」といった子どもへの声かけは減り、その代わりに「Aちゃんはバナナが出たときだけ、いつもはじめに食べるよね。でもこれが続くかはわからないよね」「Bくん、最近は最後に食べたがるよね」といった会話が保育者たちの間で飛び交うようになっていきました。

この
気づきで
保育の質
UP!

「将来的に」身につけたいマナーのために、「いま」は何を優先するのか、発達に合わせて考えてみる。

見直しポイント 3

鼻水はさっと拭いてあげる

0・1・2歳児の子どもが自分ではなを拭くのは難しいですから、鼻水を拭くのは保育者の仕事です。

あの子をさっと、この子をささっと、その子もさささっと拭いて……素早く気づき、テキパキと対応する保育者たち。

鼻水が出たままだと、気持ちよく過ごせませんよね。

でも、鼻水を拭かれた子どもの表情に注目すると、どうも様子がおかしい。

気持ちいいどころか、あれあれ？　なんだか険しい顔。ティッシュを顔に近づけた途端、のけぞって嫌がる子どもまでいます！　そして、風邪の流行る冬には、拭かせてくれない子どもを追いかける保育者の姿もありました。

当時は、そういうものと思って手早く鼻水を拭いていましたが、あるとき第三者に指摘されてはじめて、あたりまえのように「無言で」鼻水を拭いていたことに気づかされたのでした。

鼻水を拭く行為は、いずれは子どもが自分で気づいてできるようになってほしい、身につけてほしい生活習慣です。

よかれと思ってすぐに拭いていましたが、子ども自身、鼻水が出ていることに気づいていないときに拭いてしまうと、「鼻水を拭いてすっきりした」とは思えません。

それどころか、子どもにとっては
「顔の前に何か白いものが現れた」「鼻をムギュッってされた」

という印象が強く残り、嫌な記憶となってしまう可能性も。

ましてや、横や背後からにゅっと手が出て、突然鼻水を拭かれる……それって、ちょっとしたホラー現象です！


そのことに気づいてからは、保育者は「おはなが出ているから拭こうね」と声をかけてから鼻水を拭くようになりました。

すると、ティッシュで拭くという同じ行為をしているのに、子どもたちから険しい表情はなくなっていきました。さらには、「おはなが出ているよ」と保育者が声をかけると、子どもが自分でティッシュを持ってきたり、鼻を差し出したりするように！

ある2歳児のクラスでは、子どもが子どもに対して
「Aちゃん、おはな（が出ているよ）。（拭いても）いい？」

と話していたという、ほほえましいエピソードもありました。

エプロンの着け外し、汚れた口や手を拭く……これらも同じです。突然やるのではなく、言葉をかけてから。どんなに気持ちがいいことでも、一言もなくされたら、大人だっていい気分はしませんよね。

保育者が丁寧に関われば、子どもも人に対して丁寧に関わるようになっていくのではないでしょうか。

小さいときには言葉の意味がわからなくても、「おはなが出ているから拭こうね」の一言を0・1・2歳児の3年間続けるのと、ただ拭かれ続けるのとでは、子どもが身につけていく言葉や仕草などに大きな違いが出てくる。そのことを、年々実感しています。

この気づきで保育の質UP!

大人がされて嫌なことは子どもにもしない。一声かけて、丁寧に。

見直し
ポイント
4

「子どもが
やりたがるので」

生活の自立を考えたときに、使った物や自分の持ち物を自分で片付けるということは、子どもに少しずつ身につけてもらいたいことです。どこの園でも、指導計画に盛り込まれている内容ですよね。

以前の足立区立園では、1・2歳児クラスにおいても、「帽子は自分でロッカーにしまう」など、年齢に応じて子どもたちに任せていることがいくつもありました。

食後にエプロンを片付けるのもそうです。

もともとは「子どもたちがお手伝いをしたがる」ということから始まったのですが、いつしか1・2歳児クラスの慣例に。保育者が「はい、エプロン片付けてきてね」「はい、どうぞ」と一人一人に渡して片付けさせるようになっていました。

エプロンを片付けずにあそび始めようとした子どもは、「何か忘れているよ」と催促されることになります。その子だけやらなくてもいいという選択肢はありません。

ある園の1歳児クラスでは、自分の脱いだ靴を片付けないと保育室に入れないことになっていました。さすがに、3日前に歩き出した子が靴を持ってよちよちと歩いていたときには、園長が「危ないから！」と止めに入りました。でも保育者は、「その子がやりたがったので」と納得のいかない表情。1歳児になったらやるべきことを身につけさせようと、「よかれと思って」だったからです。

園には、子どもたちが「やってみたい」と思う刺激がたくさんあります。例えば、先生がやっている片付け、月齢の高い子どもがやっている動作もそうです。大好きな先生がやっているエプロンの片付けを、子どもがやってみたいという気持ちなら、その気持ちに寄り添うことはなにも問題ありません。でも、

「1歳になったから、今日からエプロンは自分で片付けましょう」

「歩き出したら自分で靴を持ってきましょう」

というような一律のルールは、一人一人の育ちを大事にしたいこの時期には合わないこともあります。

身の回りの物の片付けは、将来的には身につけてほしいこと。ですが、0・1・2歳児クラスにおいて、全員が同じ時期に等しく経験する必要はありません。

そもそも、この時期の子どもの持ち物を片付けるのは保育者の仕事。やりたい気持ちの尊重と言いつつ、いつの間にか保育者の手伝いをさせていなかったか？「子どもがやりたがる」と思い込んでいたのは、「保育者がやってほしい」ことではなかったか？　各園で振り返ってみることにしました。

今日はやりたくても、明日はやりたいかどうかわからないのが0・1・2歳児です。やりたくなる気持ちも子どももそれぞれ。そのことに気づいた保育者は、その子が「やってみたい気持ち」になっているかどうかを、丁寧に見ていくようになりました。子どもが「やってみたい気持ち」になっていたら、保育者がそばで一緒に行うことから始めてみる。すると、それぞれの子どものタイミングで、やってみたい「お片付け」ができるように。だれが決めたのかわからないけど決まっていた、毎日のやるべき「お片付け」は、徐々になくなっていきました。

この
気づきで
保育の質
UP!

「やりたい気持ち」は丁寧に受け止める。
一律のルールは、発達に合っていない可能性大。

生活場面にひそむ「あたりまえ」その2

はい、ここ
片付けたら
替えます
先生、Bちゃん
ウンチ出てます
ちょっと待ってて順番ね
Cちゃん、押さないよ
ハイ、おくつ
早く座るよ
いちごさーん、くつ持って座って〜
はーい
見直してみるとどうなる？

見直し
ポイント 5

寝つけない子をトントントン

午睡は、子どもの生活リズムにとって大切なものです。
足立区立園では昼食後、着替えて排せつを済ませたら、眠りたい子も眠りたくない子も布団に寝に行くのが「午睡のあたりまえ」でした。

保育者は全体の様子が見渡せる位置に座り、安全に気を配りながら、寝かしつけます。

なかなか寝つけない子には、保育者がそばについて優しくトントン……。眠りを誘う関わりとしては、全然悪いことではありませんよね。

保育者は、子どもをトントンしながら「ねんねしようね」。
すぐに目が覚めてしまう子どもがいれば、トントントントントンしながら「もうちょっと寝ようか」。

午睡の時間は、連絡帳を書いたり打ち合わせしたりする貴重な時間でもあるので、早く寝てほしい、長〜く寝てほしいという気持ちから、徐々にトントンの手にも力が入り……なんてことも。

でも、実際は子どもが眠くなるタイミング、目覚めるタイミングはそれぞれ。
なのに、一斉に寝かしつけようとするわけですから、なかなか寝つけない子がいるのは当然です。子どもの生活リズムを大切にすると言いつつ、結果的に「午睡」という時間の枠にとらわれて、知らない間に保育者の都合を優先させてしまっていたのです。

見直しポイント1（P16）のように、食事を少人数制にして時間差をつけるようにしたことで、午睡に入る時間も一斉ではなくなり、一人一人に関われるようになりました。

すると、それぞれが気持ちよく寝られる方法は違うことに気がつきました。

抱っこをするとすぐに寝る子、眠くなるとおんぶ紐を持ってきておんぶをお願いする子、布団で添い寝が好きな子。抱っこでも縦抱きで寝つく子もいれば、横抱きでないと眠れない子も。そして起きるときに一回泣く子……など、本当に千差万別です。

その子らしい寝方・起き方を見つけていくことで、保育者が寝かしつけようとひたすらトントンしている姿はなくなりました。

一人一人のタイミングで寝起きするようになると、いつも誰かしら起きている、寝ている、というのが当たり前になりました。

それに伴って、午睡の時間に限らず、保護者の方が迎えにくる時間までに連絡帳を書くようにした園も。

またある園では、午睡中の打ち合わせは、幼児クラスの先生に乳児クラスの部屋に来てもらうようにしました。すると、起きている子と関わりながら話し合いに参加したり、子どもが目覚めたらすぐに寄り添うこともできるように。

こんなふうに、園全体の協力があれば、一人一人の生活リズムをより大切にしていけるということがわかっていきました。

この気づきで保育の質UP!

「連絡帳」より「目の前の子ども」！その子に合った午睡の仕方を見つけよう。

見直しポイント 6

おててつないで
さあ、
行くよ！

トイレに行くとき、お散歩のときなど、かつての0・1・2歳児クラスでは、手をつなぐ場面が一日に何回もありました。

手をつなぐことは、安全を守るということでもあるので、もちろん悪いことではありません。でも当時は、わりとみんな無意識に子どもと手をつないでいました。

無意識に手をつなぎ、無意識に歩いていると、気づけば大人の歩幅で歩いていることも。大人と子どもの歩幅はまったく違うので、子どもはパタパタと早足に……。安全確保のつもりが逆に危なくなってしまっていました。

また、子どもが手をつなぐのを嫌がり、振りほどこうとしているのに、「危ないから」とぎゅっと握って決して離さない場面もよくありました。本当に危険な場面だったというよりは、「なんとなく危ないから」というぼんやりした理由で、なぜ子どもが嫌がるのかについては深く考えることはありませんでした。

トイレに行くときに、いつものように手をつないだ保育者。しかし、その姿を周りから冷静に見ると、子どもの手首をぎゅっとつかんで、子どもより一歩前に出て歩いていて、子どもが引っ張られているように見えたのです。

「手をつなぐ」というより、これはまるで「連行」じゃないの？

まず、手首をつかむのはやめよう！　だれかがやってしまっていたら注意し合おう、と話し合いました。

そして、あらためて考えてみると、保育園の中で手をつながなくてはいけない場面は、実はそんなにないということに気づきました。

ひとり歩きをしてしばらくの間、「子どもが、行きたい方向やペースを自分で決めて歩く」ことは、とても大切な、尊重してあげたい行為です。

危険な場面をのぞいて、特に園内のような安全が確保された場所では、保育者から手をつなぐことが必要か、慎重に考えていく必要があります。

また、そうして子どもの気持ちを普段から尊重するからこそ、危険なときに「ここは危ないから手をつなごうね」という声かけが有効になるという側面も。

手をつなぐタイミングに配慮するようになると、子どもが、手をつなぎたいと思ったときに、自分から手を差し出してくるようになりました。

話せる言葉が少ない0・1・2歳児の時期には、手を差し出すのも、子どもが発する

「言葉」のようなものです。子どもから手をつなごうとしてくる瞬間は、「ねえ、先生、来て」という誘いなのです。

子どもが手をつないで連れて行ってくれた場所に、きれいな花が咲いていたなんていうことも！　こんな楽しみや喜びを見逃してしまう「無駄な手つなぎ」。保育の見直しポイントとして、結構大きいかもしれません。

この気づきで保育の質UP!

それは「手をつなぐ」か？「連行」か？子どもの気持ちを尊重した関わりを。

見直しポイント 7

「○○組さ〜ん！」

「ひよこ組さーん、お部屋に入るよー」

クラスみんなに呼びかけたいときに、「○○組さん」と呼びかけることって、ありますよね？　かつての足立区立園では、0・1・2歳児クラスでもよく聞かれました。

毎日のルーティーンのような呼びかけには習慣で返事をする子どもたち。でも集会などでは、「○○組さーん」とクラス名を呼ばれても反応せず、担任だけが元気よく「はーい！」と返事をするということも……。

クラス名は、「○歳児　定員○名」という単位を作る上での名称です。

主には、園長や保育者などの大人が必要としているものといえるかもしれません。

幼児クラスの子どもにとっては、○○組の一人であることへの楽しさやうれしさを感じたり、○○組のお友達ということで仲間意識を感じたり、そして「大きくなったら○○組になる」と心待ちにできたりということがありますが、さて、0・1・2歳児にとっては、どうでしょうか？

0・1・2歳児の愛着形成において、自分の名前を呼ばれることは大切にしたい経験です。先生が自分のことを見てくれているといううれしさや安心を実感をする機会です。

子ども一人一人をより大切にする保育を進めようとする中で、保育者たちはクラス名で呼びかけることに疑問を感じるようになりました。

また一方で、どんな使い方をしているかを振り返ってみると、

「○○組さん、片付けてね」
「○○組さん、もう外あそびは終わりだよ」
「○○組さん、そっちにいっちゃダメだよ」

など、子どもにとって楽しくない話が後に続いていました。

つまり、集団を動かしたいときに使っていたのです。

これでは、一人一人を大切にした保育にはつながっていないのではないか……。保育者たちはそう考えるようになりました。

事実、保育の見直しが進み、保育者たちが、子ども一人一人を見るようになっていくにつれて、「○○組さん」という呼びかけは減り、「○○ちゃん」と、個人に向けた呼びかけが多くなりました。食事も午睡も、一斉ではなく一人一人のリズムに合わせたものになると、ますます、一斉に呼びかける必要はなくなっていきました。

クラス名で呼ぶこと自体が悪いわけではありません。大切なのは、「○○組さん」と呼びかける以上に、その子の名前を呼ぶ機会があるのかどうか。クラス名での呼びかけ頻度が高い場合には、一人一人を大切にした保育になっているかどうか、見直す必要がありそうです。

この気づきで保育の質UP!

クラス名で呼ぶのはどんなとき？
一人一人の名前を呼ぶことを意識！

見直しポイント 8

連携が生み出すスムーズな保育

複数担任のクラスでは、担任同士の連携がとても大切です。保育者たちが上手に連携することでスムーズに物事が進み、スムーズに動けたら動けた分だけ、子どもたちが外であそぶ時間が長くとれる。それは当然いいことだと思っていました。

例えば、戸外から帰ってくるときの保育者ベストポジションは、靴箱に1人、手洗いに1人、保育室に1人の「1―1―1システム」。靴箱担当が次々と子どもたちの靴を脱がせ、手洗い担当が子どもたちの手洗いをサポートし、保育室担当は、「座って待っていてねー」と声をかけながら食事の準備を急いで進めます。靴箱担当も、任務を終えたら食事の準備に加わり、手洗い担当の保育者は、残る子どものフォロー。活動の切り替えの場面では押したり手が出たりとトラブルも多いので、そのあたりに注意しつつの作業となります。

経験が生み出す、見事な連携プレー！

保育者たちの動きは流れるようにスムーズで、本当に無駄がなかったと思います。

でも、子ども一人一人を大切にする保育に転換する中で、「一斉」に捉われなくなってくると、その「スムーズ」は、「保育者のためのスムーズ」だったと気がつきました。

さきほどの例を、子どもたちにフォーカスして振り返ってみると……。

始めの方に戻ってきた子どもたちは椅子に座り、なんだか浮かない表情。それもそのはず、先生に言われた通りに部屋に戻ってきたものの、目の前に出されたごはんはおあずけ状態。思わずお肉をツンツンしたら、「みんなが来てから食べるよー」と叱られ、しょんぼりしている子もいます。でも、おなかは空いているし、温かい食事は冷めていくし、もうかなり長いこと待っているし……これが大人相手ならクレームものです。

それに、子どもは「先生はわたしの気持ちをわかってくれないな」と思ってしまうかもしれませんよね。そんな気持ちが毎日、何年も蓄積されていくとしたら……、保育者への信頼どころではなくなってしまいます。

スムーズな連携のつもりが「流れ作業」に。子どもの気持ちが置き去りになっていたのです。

そもそも、押したり手を出したりということが起きるのは、子どもが待たされているから。保育者たちも「ちょっと待っててね」が口癖のようになっていたことに気づきました。
おなかが空いて早く食べたい、今日は靴を脱ぐのに挑戦したい、まだまだあそびたい……などのいろいろな気持ちに寄り添えるよう、生活面を支える保育者だけでなく、あそびに入る保育者も同時にいるように。すると、待たされる子どもも、急かされる子どももいなくなり、子どもにとって、無理のない保育になっていきました。
その反面、日々成長し、気分や体調によっても変わる子どもの気持ちに寄り添うには、保育者同士の連携が不可欠。「大人にとってスムーズ」な保育の何倍も難しいのでした。

この気づきで
保育の質
UP!

スムーズは、流れ作業の裏返し。子どもにとってのスムーズに！

見直しポイント 9

担当児のことは担当がやる！

排せつや食事、午睡などの主に生活面について担当する子どもを決めるという足立区式担当制が導入されたのが5年前。それまでの一斉保育から大きな転換を迫られた保育者たちは、試行錯誤しながらも「愛着を形成しよう」「信頼関係を築こう」と一生懸命に取り組んでいきました。

担当制を導入して半年ほどたったある日、部屋の中でゆったりとあそんでいる時間のことです。

0歳児〇〇ちゃんのおむつを見たB先生が、ちょっと離れた場所でほかの作業をしていたA先生に向かって、こう言いました。

「A先生、〇〇ちゃん、ウンチ出てます。」

それを聞いた〇〇ちゃんの担当であるA先生は、

「わかりました。これを片付けたらやります。」

えーーっ⁉　何それ⁉　保育者が2人も気づいているのに、Aちゃんはいつまで汚れたおむつのままでいなくてはいけないの？　と、ツッコミたくなりますよね。

ですが、当時は、「担当の子どもだけを見ればいい」という誤った解釈をしている保育者が、少なからずいたのです。

同時に、「この子は私の担当だから、私がやります！　他の先生は手出ししないでください！」と、占有意識を持ってしまう保育者まで出現。

このままではいけないと、担当制の意味や、子どもにとって何がいちばんよいのかを、あらためて話し合うことになりました。

担当の保育者が陥りがちだったのが、自分と担当する子どもとの愛着形成だけに延々と一生懸命になってしまうことでした。「私の子！」が強くなりすぎたのです。

子どもと担当保育者の愛着形成は、スタートでしかありません。

担当保育者として、自分との絆を土台に、その子どもが園の中で安心できる人や場所を広げていく――そこまでが、目指すゴールです。

「おむつは私が替えてもいい？　汚れていて気持ち悪かったね」と、担当外の子どもにも関わってみる。そして担当は「替えてもらえてよかったね」と共感する。

もちろん、特定の保育者との関わりは大切です。また、担当保育者に伝えるのが悪いのではありません。でも、自分ですぐにできることでも、遠くにいたり手がふさがっていたりする担当保育者に伝えるだけの「伝言係」で終わっては本末転倒です。

子どもが困っているときは、「安心できる人がたくさんいるよ」という人との関わりを広げていけるチャンス。「園にはたくさんの優しい先生がいる」「困ったときに助けてくれる先生がここにもいる」と、子どもに思ってもらえることも大切です。

担当同士はもちろん、ほかにも朝夕にだけ来てくれる先生や、保育室に来た他学年の先生とも、担当制の意味を共有していくことが大事だと気づいた事例でした。

この気づきで保育の質UP!

STOP・ザ・伝言係。子どもの世界を広げていくのも担当の役割。

変わりました!

少人数で食べていて、その子のスプーンの持ち方が気になりました。気づくと、工夫したくなるのが保育者の性。もっと違う手の動きを経験しないとだめかなと感じて、そういうおもちゃを用意してみようかなと思ったり。一斉に食べていたときは、正直そこまで目が行きませんでした。

「よく食べました」って、連絡帳にもよく書いていたけど、このときの「よく」は、以前は量のことを言っていました。いまは、「どんなふうによく」食べていたかという話になっていますね。


以前は、食事中に眠くなっちゃう子に対して、なんとか起こして食べさせようと必死でした。一緒に手を洗いに行ってみたり、ちょっと風に当たりにテラスに出てみたり……。

でも、工夫する方向はそこじゃないでしょ!

子どもの気持ちは!? と、いまなら思います。

でも、当時は疑問に思わなかった~!

わたしたち、

@足立区立園の保育士

「無理に食べさせない」を徹底しようとしていた時期。「子どもがイヤイヤを3回もしているのに口に入れるのは虐待行為！」という目安が園内にありました。そうはいっても子どもの反応って微妙。「いまのは1回かしら？」など、けっこうピリピリしていたことも。いまは「子どもによる」ということで、満場一致です。

食事のマナーを教え込もうとするのをやめたら、食事中の保育者の声かけがぱたりと止み、妙に静かに……。わたしたち、そんなに注意ばっかりしてたのねって、みんなで笑いました。

「子どもを尊重する」とわかっていたつもりでしたが曖昧だったところも。講師の先生が言われた「大人がされて嫌なことは子どもにもしない」という言葉はとても具体的で、響きました。

@就学前教育推進課

新しい指針・要領が示すもの 1

3歳未満の保育を見直す

本書の発行と同時期に、新しい保育所保育指針、幼保連携型認定こども園教育・保育要領が施行されます。今回の改定は、0.1.2歳児の保育の充実や質の向上が大きなテーマとなっています。新たに「乳児」と「1歳以上3歳未満児」の保育に関するねらいや内容が示されました。これは、3歳未満と3歳以上それぞれの時期に大切にしたい保育の内容や配慮があるということに他なりません。

乳児期の保育について、語ったり、計画や記録をしたりするときによく使う言葉を挙げてみます。「一人一人に」「丁寧に」「ゆったりと」「家庭的な雰囲気の中で」「気持ちを受け止めて」……。どれも乳児期の保育で大切なことばかりで、みんな知っていることです。でも「知っている」ことが「実践できている」とは限りません。

足立区にある大学に勤務していたご縁で、定期的に区立保育園・こども園に伺う機会に恵まれました。本書には、そこで見聞きした素敵な保育実践が詰まっています。乳児保育のマニュアルではなく、3歳未満において大切にしたいことはどんなことだろうか……と考えたり、工夫をしたりした数年間の保育の過程です。

保育を見直すって、変えることだけではないと思うのです。「これでいいんだ！　今のままでいこう！」と決めることも、見直した結果のひとつです。

ペラペラとページをめくっていただければ、「ウチの園でもあるある～」という事例がきっとあります。本書がみなさんの園の、乳児期の保育の見直しのきっかけになったら幸いです。（伊瀬）

2

あそび場面に
ひそむ
「あたりまえ」

あそび場面にひそむ「あたりまえ」その1

たくさんあると
散らかるから
これだけね～
今日は
あっちじゃなくて
ワンワン見に
行くよ
○○ちゃん
押さないよ
あっち!
見直してみるとどうなる
?

見直し
ポイント
10

絵本はたくさん用意する

子どもたちは絵本が大好き。先生たちも、好きですよね。

だから絵本は、保育室にいっぱい揃えておきたくなるものです。

担任たちの間で「これもあったらいいね」「あれも置いておきたいね」と話がはずみ、各クラスに絵本がどんどん増えて……、多いところでは、子ども10人の保育室に絵本がなんと50冊！

しかし実際、子どもたちはどのくらい読んでいたのかというと……。

棚にぎっしりと並べていると本の背しか見えず、文字が読めない0・1・2歳児にはどれが何の絵本だかわかりません。

当然、読みたい絵本を見つけてくるようなことは少なく、子どもたちは絵本を次から次へと取り出すというあそびを楽しんでいました。

また、「子どもが絵本をビリビリと破っちゃうんです。絵本を大切にする気持ちが育っていないんでしょうか？」と、悩む保育者もいました。

保育の見直しをする中で、絵本コーナーについても見直すことになりました。

0・1・2歳児にとっての絵本は、おもちゃの一つだったり、保育者と一緒に楽しい時間を過ごすツールだったりするねということを確認し合い、どんな絵本をどのくら

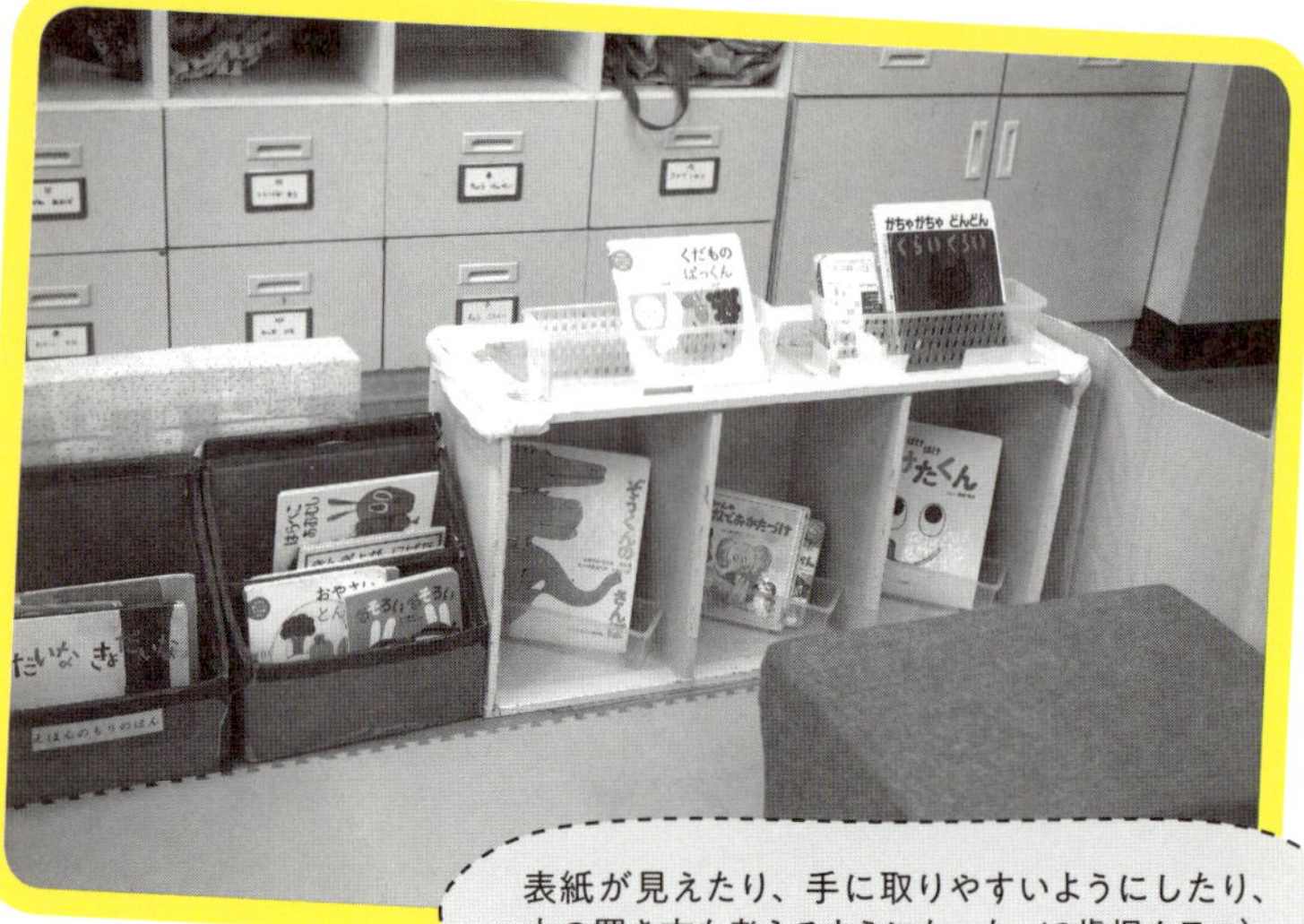

表紙が見えたり、手に取りやすいようにしたり、
本の置き方も考えるようになった。(2歳児クラス)

い置けばいいのか、子どもの様子を見ながら考えていきました。

子どもをよく見ると、ページのめくり方も、はじめは手のひらや指の腹でページを起こすようにめくっていたのが、次第につまめるようになることに気づきました。つまめるようになると真上にページが持っていかれ、そしてビリビリになっていたのです。それがわかると、厚紙の絵本を用意したり、指先の発達に合った形状の本を考えたりするようになりました。

子ども同士が同じ絵本をいっしょに見たがる様子が見られたら、その時期には、同じ種類の絵本を2~3冊用意するという工夫も生まれました。

この気づきで保育の質UP!

絵本も、量から質へ。厳選して、そして入れ替える。

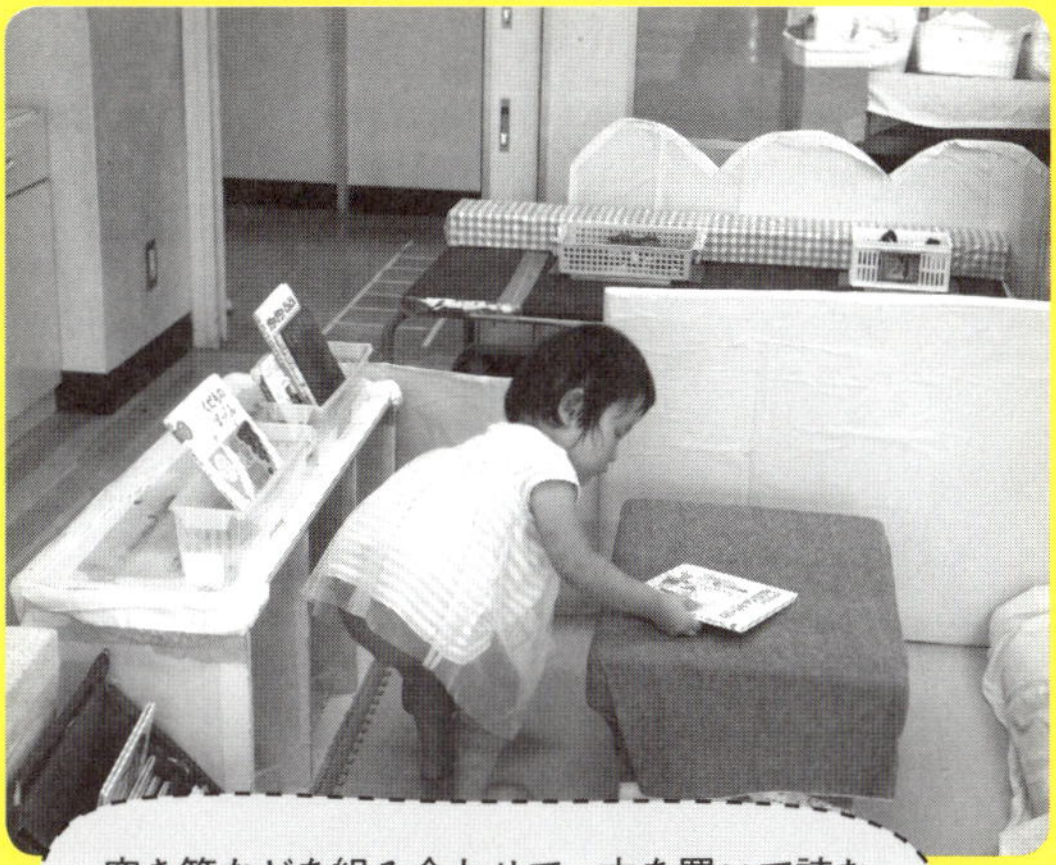

空き箱などを組み合わせて、本を置いて読むのにちょうどいい高さのテーブルも設置。

この子たちは、どんな絵本なら楽しめるだろう、好きだろうと想像したり、0・1・2歳児の視力に応じた見やすさを考えたり……。

いろいろな絵本選びの視点ができるようになると、絵本環境は激変したのでした。

見直しポイント 11

とにかく必要、ままごとコーナー

ままごとは、どの園でも用意しているおもちゃだと思います。

足立区立園においても、「ままごとは、絶対に必要だよね！」という認識のもと、ままごとあそびができる環境は0～5歳児の全保育室にありました。

そこに、マジックテープが付いている野菜やピザなどの食べ物と食器を、一つの箱に入れて、一年中いつでもあそべるように置いていました。

当時、特にそれで困ってはいなかったのですが、0・1・2歳児保育の見直しをする中で、「0～2歳の間に大きく発達は変わるのに、同じままごとのおもちゃでいいの？」という疑問が生じました。

あらためてあそぶ様子を見てみると、0歳児クラスでは、子どもが何かの半分を握りしめ、不思議そうな顔をしています。1歳児クラスではおにぎりが大人気で取り合いに！　その横にピザが放置されています。2歳児クラスでは、箱の周りに子どもが群がり、ガシャガシャとお目当てのものをひたすら探しています。

マジックテープがついた野菜は、切って、くっつけて楽しいおもちゃですが、0歳児には、くっついていない片割れを探しだすことはなかなかできません。

また、0・1・2歳児にとってなじみの薄い食べ物は、ほとんどあそびに使われてい

1歳児クラスのままごとコーナー。カウンターキッチンをシンプルに再現し、道具も使いやすいものがそろえられている。

かつて0～5歳児の各クラスにあったままごと素材。ハンバーガーやソフトクリームなど、乳児にはなじみの薄いものも多かった。

ませんでした。それなのに、そういったいろいろなものが箱に雑多に入っているので、お目当てのものを探すのに時間がかかっていました。

「Aちゃんはぶどうを食べるから、これ食べて」と、自分の名前を言いながらあそんでいるときは「再現あそび」。それが、「Aちゃんは、ママやるね」と役になっていくなど「ごっこあそび」に変化していきます。

再現あそびは、自分の経験や見聞きしたことを再現してあそぶものなので、その時期は、子どもに身近な食べ物と環境が適していることになります。

「子どもたちが知っている食べものは何？」
「再現あそびがしやすい環境って？」

この
気づきで
保育の質
UP!

「全年齢で同じ」に疑問を。ままごとコーナーに保育の質は表れる！

2歳児クラスのままごとコーナー。家庭のキッチンをリアルに再現し、見立てられる素材が導入されている。

と考えていくと、全部同じだったままごと環境に、徐々に違いが出ていきました。

　そこから各園で研修が進み、いつもの給食の写真を段ボールに貼ってオリジナルの素材を作る園や、一年の中でままごと素材を入れ替える園も見られるように。

　5年間の保育の見直しの中でも、大きく変わったところです。

見直しポイント 12

おもちゃは片付けられる量

人形とそのお洋服やいろいろなブロック、電車とレール、パズル、歴代の担任が作った手作りの物……。ままごと以外にも、保育室にはたくさんのおもちゃがあります。常に出していないものも含めたら、一クラスだけでかなりの種類と量。

以前は、あれもこれも出していたら、部屋が散らかり放題のひどいことになるので、日によって出すものを考えていました。

ブロックなど数があるものは、全部出さずに半分くらいに減らして出したり、部屋全体に散らからないように場所を決めておいたり、片付けの時間が大変にならないように配慮していた保育者も少なくありませんでした。

保育の見直しで担当制を導入し、少人数ずつ時間差で食事をするようになった当初、後から食べる子どもたちが「ぼくも食べたいよ〜」と泣いて泣いて、あそぶ気持ちになれないということが、どこの園でも起こっていました。

その課題は、園長や保育者たちの試行錯誤により徐々に解消していきましたが、そのときに感じたのは、「子どもが満足してあそべる環境とおもちゃ」の大切さでした。

保育者さえいれば保育は成立するわけではなく、0・1・2歳児の保育に、おもちゃは必要不可欠なものです。

掃除をする大人の姿が魅力的なのか、掃除ごっこを楽しむようになった子どもたちのために、灯油ポンプを使って掃除機を手作り。（2歳児クラス）

子どもの興味や関心を捉えて作られた手作りのおもちゃは、子どもに人気がある。（2歳児クラス）

夢中になってあそんでいる時間があるからこそ、時間差が生まれ、食事をしたり、おむつを取り替えたり、個別に関わったりできるのです。そのため、あそびたいおもちゃを子どもが自分で取り出せない状況や、十分な量がない状況では、子どもが少人数であっても、一人一人を大切にした保育が成立しません。

一人一人に丁寧に関わるためには、おもちゃの力が必要。

それがわかると、片付けにとらわれておもちゃの種類や量を制限することはなくなっていきました。十分にあそぶことこそが子どもにとって重要なことだと気づいたのです。おもちゃのある環境づくりを工夫するようにもなっていきました。

おもちゃを出す場所や用意する量、なにより、子どもがあそびたいと思う魅力的なおもちゃについて試行錯誤するようになると、子どもたちのあそびはより豊かに。先に食べている子と同じフロアで、存分にあそぶ子どもの姿が見られるようになりました。

この気づきで保育の質UP!

おもちゃは保育者の相棒！片付けしやすさよりも、あそびの充実を。

ままごとコーナーの入り口ドアに付けられたカスタネット。トントンとノックできる。こういった小さな工夫があそびを広げる！（2歳児クラス）

見直しポイント 13

いろいろ便利な避難車

避難車は、0・1歳児保育の必需品でした。

近くにある公園に行くときの移動手段としてはもちろん、新年度に涙が止まらない子どもを乗せて、気分転換に園庭や園周辺をぐるぐる……なんていうことにも、毎年のように使われていました。

主には移動時の利用が多かったのですが、そのときに困っていたのが、乗っているときに起こるひっかきやかみつきでした。乗車人数を減らしたり、横に保育者がついて止めに入ったりしていましたが、なかなか解消には至らず……。

それでも、長い距離を歩くのが難しい子どもたちを連れて、気持ちのよい公園に行ったり、電車を見に行ったり、よくしていました。

避難車は、非常時に子どもたちの命を守るためのものです。

いざというときに、子どもが「これ乗ったことある」「公園に行ける車だ」と親しみを感じられるようにしておく必要があります。

しかし、保育内容として避難車の使い方をちゃんと教わったことのある人は、実はあまりいないのではないでしょうか？

足立区立園でも多くの保育者が、個人の感覚で押していました。ですから、たまに早足の保育者がいると、子どもたちはびゅんびゅんくる風に髪をなびかせ、おびえた顔でしがみつき、楽しいお散歩とは程遠くなっていることがありました。

保育の見直しをする中で、避難車の使い方も振り返る機会がありました。

まず、子どもは荷物ではないので、乗り心地はどうか考える必要があること。避難車は狭い空間なので、「電車が走ってるよ」などとみんなが気づくように保育者が声をかけたら、電車が見たくなって押し合いになり、トラブルが起きるのは当然予見されること。

また、「避難車を必要としていたのは保育者」ということにも気づかされました。避難車でぐるぐるするのは泣いている子どもの気分転換というより、実は保育者自身の気分転換だったかもしれないね、と話し合いました。泣き止ませるために乗せるというのも、保育として雑な話で、泣きたい気持ちを受け止め、対応することこそ保育ではないかという声もあがりました。

避難車に乗せることも「保育」のうちであるという意識が芽生えると、避難車への乗り降りが丁寧になり、スピードもゆっくりになりました。

すると、子どもたちが発する「お花」「ブーブー」という言葉に気づいて、子どもが指をさして見たがっているときは立ち止まるゆとりが出てきました。

同時に、子どもの一人歩きや探索を尊重する保育になるにつれ、避難車の使用頻度が減少。その移動は歩くのか、避難車に乗るのか、誰が乗るのか？ 意図的に選択するようになっていきました。

この
気づきで
保育の質
UP!

実は使い方が難しい「避難車」。
使うときには、十分な配慮を！

あそび場面にひそむ「あたりまえ」

その2

Bちゃん、
ちがうよ
上に乗らないで
ビリビリだよ
しんぶん
ビリビリ～♪
ビリ
ビリ～
ビリ
ビリ～
ダメダメ、
あぶないよ～
そっちは
大きい
クラスの
遊具！
見守り中……
よじ
よじ
よじ
見直してみるとどうなる？

見直しポイント 14

「貸して」「いいよ」の練習中

1歳半頃になると、「自分のもの」という気持ちが育ってきます。

1つのおもちゃを巡って、「○○ちゃんの！」「△△ちゃんの！」と主張し合う姿が、よくありますよね。

そんなときの保育者の対応は、以前はこうでした。

電車を2つ持っていたAちゃんと、使いたがっているBちゃんに、保育者は
「Bちゃん、貸してって言ってごらん」

「Aちゃん、2つあるから貸してあげようね。はい、いいよ」

Bちゃんは「貸して」と言い、Aちゃんは「いいよ」と1つを渡しましたが、どう見ても納得していない様子。案の定、しばらくすると取り返しに行きました。


あそんでいた人形を手放してブロックであそんでいたCちゃん。Dちゃんが人形を使おうとしたら取り返し、「私の」と主張し譲りません。保育者は、「いまは使ってなかったから、貸してあげようね」となだめ、Dちゃんに渡すよう促します。

子ども同士のいざこざがあれば、保育者は解決しようとつい一生懸命になるもの。

けれど、もう一歩、深く考えてみると、どうでしょうか？

自分のものが大事になるその時期は、貸したくないという意地悪な気持ちではなく、

「僕の」「私の」という気持ちが大きく育っている証拠。一度手放したおもちゃを覚えているのも、育ちの姿です。

「自分のものと思えるぐらい好きなものに園で出合えたこと」は本当にすばらしいこと！　0・1・2歳児の大事な学びでもあります。

大好きな先生が促したら、子どもは「貸して」も「いいよ」も言うでしょう。でも、「言わされた言葉」に意味はありません。貸し借りについては、この先、友達とたくさんあそび、ぶつかり合いながら、子ども自身が学んでいくものです。

その前段階として必要なのは、自分の気持ちが満足するまであそぶ経験をすること。その先に、「貸してあげてもいいよ」という気持ちになるという育ちの道筋があります。

そのことに気づいてからは、取り合いの場面でも

「いま、あそんでるんだよね」「電車、楽しそうだね。使ってみたいよね」

と、それぞれの気持ちを受け止める言葉をかけるようにしようと意識し始めました。

「貸して」「いいよ」を教える前に、まずは「もっと使いたい」「すごく欲しい」という子どもの気持ちを受容していこう！　というこの保育者たちの変化……。なかなか

乳児保育の本質に迫るものだと思いませんか?
今回の『保育所保育指針』の改定でも、「受容的」「受容」という言葉がぐっと増えています。0・1・2歳児には受容がより強く必要だということが明確になったといえるでしょう。

この
気づきで
保育の質
UP!

「○○ちゃんの!」の裏に育ちアリ。
発達の見通しをもって、
「貸して」「いいよ」の強要はやめよう。

見直し
ポイント 15

あそびの見守り安全第一！

子どもに危険がないように見守っていくのは、保育者の役割です。「子どもたちを見守っていてね、とお願いしたら、本当にただ立って見ているだけだった」というのは笑えないエピソードですが、では5年前の足立区立園はどんな状況だったかというと……。

0・1・2歳児が園庭に出てあそんでいるときには、「そっちはダメだよ」「危ないから登らないよ」といった保育者の声が、あちこちで聞こえているのがあたりまえの光景でした。

滑り台の階段を登ろうとする1歳児を見つけたら、保育者がダッシュ！「あっちであそぼうね～」と抱っこして、安全なあそびに誘導するという具合（でもまた子どもは滑り台に戻り、エンドレス……！）。

安全のために危険は未然に排除するというのが、当時の見守りスタイルでした。

しかし、子どもが自分のペースで生活し、自分の思いのままにあそび、あそびの中で学ぶ……そんな保育をしていこうという取り組みを進めるうちに、「あれもダメ、これもダメ、というのは正しい見守りなのか？」という疑問が生まれました。

「ダメ」の理由も、あらためて見直してみると、「なんとなく」「前から乳児クラスは使っていなかった」といった、理由が明確ではないものも多くありました。

自分で登ってみたこと、登ろうとしてできなかったこと、いつもと違う場所に立って見えた景色……そんな子どもの経験や気づきを、0・1・2歳児だからこそ、もっと大切にしたい！　と思い始めたのです。

すると、あそびを制限する声かけが減り、「本当に危ないこと以外は子どもの思いを尊重する」見守りにシフトしていきました。

あそびの見守りでは、「危ないことがないように見ていく」のは最低限の役割。子どもの背後、正面、どの位置から見るか。どんな声をかけるか。どのタイミングで援助するのが子どもにとってよいのか考えながら見守ることが、「保育者として見守る」ということ。

滑り台に登ってみようとする1歳児がいたら、落ちてきそうになっても大丈夫なように背後に回りつつ、その子が自分で登ってみようというところまで登らせてあげる。子どもの足が止まって、上にも下にも行けなくなり、子どもなりに「どうしよう？」という葛藤が見えて、ふっと後ろにいる保育者のほうを振り向いたとき……、「抱っこする？」と声をかけてあげる。それこそ、乳児保育のプロの「見守り」というわけです。
でもこれは、実際やろうとすると相当難しい！
一人一人を見るようになってきたからこそ見えてきた課題の数々。
そこにしっかりと取り組もうとする現場の保育者たちが、足立区を支えています。

この気づきで保育の質UP!

あなたの「見守り」は、どんな「見守り」？
まずは「乳児クラスだからダメ」の見直しを。

見直しポイント 16

教材は園にあるもので

保育に使う物を、何でも新品で揃えられるわけではありませんよね。足立区立園では、いまも昔も、0・1・2歳児クラスで使う製作の材料や道具は、基本的に園にあるもの。幼児クラスのお下がりであることも多いです。

例えば、シール貼りで使うシールは、お便り帳の余りシールだったり、クレヨンやマーカー、粘土セットなども、幼児クラスから譲り受けたものがほとんど。

お下がりゆえ、使えない物が混じっていることもあります。マーカーを使う製作のときに、子どもの横で「これはインク出る、これはダメ」と保育者が試し描きをすることも……。

0・1・2歳児保育では、子どもにとっての「はじめて」がたくさんあります。さまざまな教材との出合いも、その一つです。

保育者が子どもの「はじめて」を意識するようになると、それまでの教材がはじめて出合う教材として適切だったのかという見直しが始まりました。

まず、ペンの出る出ない、クレヨンが持ちにくい短さになっていないかといった事前の確認は、教材準備の基本だよね、ということを確認し合いました。

次に、発達に合っているかを考えました。

お便り帳のシールは便利ですが、0歳児がはじめて使うには小さすぎて、なかなか紙に貼り付けることができません。大きなサイズのものを用意したり、お便り帳のシールを何枚もつなげて大きなサイズにしたりして事前準備するようになりました。

また、幼児の教材を使うと、持ちづらさなどがあることに気づきました。例えば、粘土であそぶ2歳児を見てみると、ヘラはだいぶ持ちにくい様子でした。ヘラで粘土を切ってあそぶ子どもはほとんどおらず、ヘラは2歳児には必要ないのでは？　という意見も出ました。

子ども1人が使う分を分けておいて、取り出しやすい容器に収納。（2歳児クラス）

幼児クラスと乳児クラスでは、同じ教材であっても、経験させたいことは違うもの。「乳児期には、粘土の感触を味わってもらいたい」と、ヘラセットは使わず、子どもが可変性や感触を楽しみやすい提供の仕方を考え始めた園も。

ちなみにその園では、「2歳児にヘラはいるのか」が、毎年話し合われます。子どもは毎年違うので、そのつど考えて決める。そういう姿

この気づきで保育の質UP!

「はじめて」の出合いを大切に。発達や保育のねらいを考えた教材準備を。

子どもの小さな手で形を整えたり、取り出しやすい大きさにしておきます。(2歳児クラス)

勢を大切にしているのです。ヘラ一本で話し合える……って、それは保育の質上がる！上がるに決まってる！　と思いませんか？

0・1・2歳児クラスにおいても教材準備の概念をもち、「考えて提供していく」ことで、保育の質は確実に上がっていくのですね。

見直しポイント 17

みんなで〇〇を楽しもう！

0・1・2歳児の製作や活動がマンネリ化しがち……という悩みは、足立区立園の保育者たちの多くが感じていた悩みでした。

幼児クラスで展開される、子どもたちの興味・感心や発想を取り入れた活動の様子を見ながら、「それは幼児クラスだからできること」だと思っていました。

実際、乳児期にたくさん経験してほしいことをねらいとすると、「感触あそび」などが定番の活動となることも多いもの。

定番の一つ、「新聞紙をビリビリちぎるあそび」を、ある1歳児クラスで実践したときのことです。

保育者は子どもそれぞれに見開き一枚の新聞紙を渡すと

「こうやってちぎるよ〜！」

と、レクチャー。保育室に新聞紙をちぎる音が響きます。

なかなかビリビリし始めない子には、「Aちゃん、ビリビリ、こうやるんだよ。楽しいよ」と声をかけ、一人、また一人と、ビリビリ人口を増やしていく保育者。

「新聞紙をビリビリする感触の楽しさを子どもに感じてほしい！」という保育者の思いは素敵ですし、いいことです。でも、子ども一人一人と丁寧に関わっていく保育に変わっていくと、ちぎる前に子どもがそれぞれの方法で新聞紙を楽しんでいる様子が見えるようになりました。

新聞紙をもらったときに、不思議そうに眺めている子もいれば、ぐしゃっと感触を確かめる子、においを嗅いでいる子、床に敷いてみようとする子……。子どもの千差万別の反応が見えてくるようになりました。すると声かけにも変化が表れ、

「こんなに大きなもの、はじめて見るね」

「においがする？　先生も嗅いでみるね」

と、まずは子どもの発見や気づき、気持ちを受け止めていくように。

子どもが「これは何だろう」と興味をもって見ているときに、「ビリビリしよう」と遮ってしまうと、子ども自身が気づいたりやってみたりしようとする「学びの芽」を摘み取ってしまうことがわかったのです。

扇風機の風で新聞紙が飛ばされそうになり、風のあたらない場所を探して歩く……そんな2歳児の姿に気づき、はっとさせられた保育者もいました。

保育者の意識が変わっていくと、ちぎる以外のあそび方や、「ちぎりにくそうだから子どもが持ちやすい大きさにしよう」と、子どもの腕の長さに合った新聞紙の大き

さを考えたりするようにもなってきました。

もちろん、「こんな楽しいこともあるよ」と知らせる活動も保育の一つです。一方で、0・1・2歳児クラスであっても、子どもの気づきから生まれたり展開したりするあそびはたくさんある。そう気づくと、「マンネリ化」の悩みはなくなっていったのでした。

この気づきで保育の質UP!

「0・1・2歳はコレ」の固定観念から脱却を。製作や活動のヒントは子どもの中に!

見直し
ポイント 18

たくさん声をかける

言葉を獲得していく乳児期に、大人の語りかけはとても重要です。子どもたちの育ちのためにも、たくさんの声をかけていこう、と保育者たちは考えていました。

ですから、0歳児の保育室はいつも賑やか！　保育者の声であふれていました。

積み木を穴に落とすおもちゃの前にいた子どものそばでは、

「○○ちゃん、積み木するのね、ほらここに入れてみて。ここ！」

「まんまるね。黄色だね。青色もあるね。ピンクもあるね」

「見て！　ほら！　ぽっとんって落ちたよー。おもしろいねー」

と、保育者の流れるようなおしゃべりが続きます。

でもよく見ると、子どもの目はおもちゃに向いておらず、保育者に背を向けているなんてことも……。

子どもの気持ちを読み取って代弁する声かけは、0・1・2歳児保育では特に大切。でも、その姿勢が前のめりすぎてしまうと、子どもの気持ちが置いてきぼりになりがちです。

保育者の「勝手な決めつけ」で代弁されても、子どもにとっては邪魔なだけ。

まだ言葉が出ない時期は、子どもの目線や指、仕草、表情、声が子どもの言葉であり、非言語のコミュニケーション。保育者は、それを察していく感受性を持ちながら、0・1・2歳児の保育をしていく必要があります。

必要なのは子どもとの「やり取り」なのに、保育者の一方的なマシンガントークでは、子どもの意思表示に気づくタイミングもありません。

0・1・2歳児は、きちんと話しかければ大抵のことは、「うん」「ううん」を答えてくれます。自分の気持ちを確認してもらえることで、子どもも「大切にされている」と感じられるのです。

子どもは言葉を話すようになる前から、やり取りの中で「先生がわかってくれてうれしい」「先生がお話してくれるのは楽しい」と感じています。自分の気持ちをわかろうとしてくれる相手に心を開いて、愛着が築かれていきます。

そこが、幼児クラスと決定的に違う担任数、子ども3人または6人に保育者1人が必要とされている意味でもあるのです。

担当制が導入され、「一人一人をよく見る」保育が定着してくると、保育者が一方的に話す光景は徐々に消えていきました。

あるとき、台風で倒れたコスモス畑をじいっと見ていた2歳児。そばにいた担当保育者が「コスモスが、ぐにゃっとなってるね。こっちは、ぴ～んとなっているね」と言ったことで、「ぐにゃっ」「ぴ～ん」が子どもたちのブームになったそうです。

子どもの様子や表情をくみ取った声かけをしたからこそのエピソードですね。

この気づきで保育の質UP!

NO MOREマシンガントーク。声かけは、「一方的」ではなく「やり取り」に。

見直しポイント 19

余計な声かけはしない

見直しポイント18（P94）にあったように、子どもへの声かけを見直すことになった0・1・2歳児クラス。

一方的に話さないということのほかにも、子どもの声や言葉を拾っていくために、保育者の声をもっと静かに。子どものそばで、その子に届く声の大きさで話しかけようということになりました。

その頃、幼児クラスの方でも、声かけの多さや、子どもの発見や驚きを先取りして保育者が発言してしまうことが課題に挙がっていました。その話が乳児クラスの保育者にも入ってきて、より一層、「声かけ」に注意をしなくてはという空気に。

すると、

「大きな声を出さない！」

「子どもの主体性を尊重！　余計な声かけはダメ！」

「子どもの気持ちを先取りして一方的に話さない！」

と、「ねばならない」だらけのガチガチの保育に……。考えすぎて何と声をかけていいのかわからなくなり、子どもに声をかけること自体が少なくなってしまいました。

その頃の保育の映像を見ると、子どもも保育者も複数いるのに、ほぼ無音――。

えっ、マイクの故障？　しばらくすると、木のおもちゃが「カラコロカラコロ……」と転がる音。ボールが転がる様子を見て「うん」という子どもの声と、無言でボールを取りに行く保育者。さらにその隣には、無言でいないいないばあをする保育者も……。それは子どももさすがにリアクションできないでしょう！

――という行きすぎた無音の世界が撮影されていました。でもこれも、ビデオに録られている緊張感と、声かけに気をつけなくてはという頑張りが合わさった結果！保育者たちの努力の過程のワンシーンです。

子どもに声かけや働きかけをしたときに、「いまの私の声、大きかったかな？　タイミングを間違えたかな？」と思うことがあるのは当然のこと。すぐにちょうどいい保育にはなりません。

「ボールの転がる先を子どもが目で追っていたから、『ボールがころころって転がっていったね』と声をかけた後、『一緒に探しに行く？』と誘ってしまったけれど、もうちょっと待っていたら自分で取りにいったのかもしれない」など、失敗したと思うことを日誌に書いたり、保育者同士で「どうしたらよかったのかな」と話し合ったりすることが、明日以降の保育に活きていくのです。

それこそが、保育の質の向上につながるもの。

ちょっと考えすぎてしまっていたと我に返った保育者たち。

一方的に保育者がおしゃべりしていた時代から、今度は何もしゃべりかけない「行きすぎ保育」を経て、徐々にちょうどよいところに落ち着きつつあります。

この気づきで保育の質UP!

必要な声かけはある。100か0かではなく、園の適性数値に落ち着こう。

変わりました！

一斉保育では当たり前だった全員でのお散歩も、その日の気分でお部屋にいたい子の姿が見えるようになった。その子どもに、「今日はお外に出たくないんだね」と言えるようになったのは、大きな変化。

何が変わったって、声の大きさは本当に変わった。前は本当に大人の声がたくさん聞こえていたので。保育中に廊下を歩いていると、以前との違いがよ～くわかります。

0・1・2歳児の探索を保障するようになったら、子どもたちと幼児クラスの先生との出会いが増えました。最初の数年は何かしようとしてたらすぐにやめさせて、「1歳児の〇〇ちゃんこっちに来てましたよ」と、連れ戻してくれる先生が多かったかな。でも、幼児から乳児に、乳児から幼児にという職員の異動もあって、だんだんと園全体に、乳児保育の理解が広がっていったような気がします。

わたしたち、

@足立区立園の保育士

幼児クラス担当だったときに「乳児のことはよくわからない」という姿勢でいたら、「この園のことだから、わからないではなく、わかってください」と、園長にピシャリと言われました。園長の本気に触れて、幼児担任側の意識も変わった気がします。

昔は、「ダメ」とか「ちょっと待ってて」とか、制止の声かけを本当によく言ってました。いま思うと、かわいそうなことをしたなぁと……。「あのときの子どもたち、ごめんなさい！」とよくベテラン仲間と話しています。

足立区の先生方はとにかく横のつながりがよくて、拡散が早い！　導入当初は「大変」といったネガティブな情報が一気に広まりましたが、徐々に、「これがいいらしい」「あれがよかった」といったポジティブな情報が駆け巡るようになり、見直しのスピード感に一役買ってました。

@講師

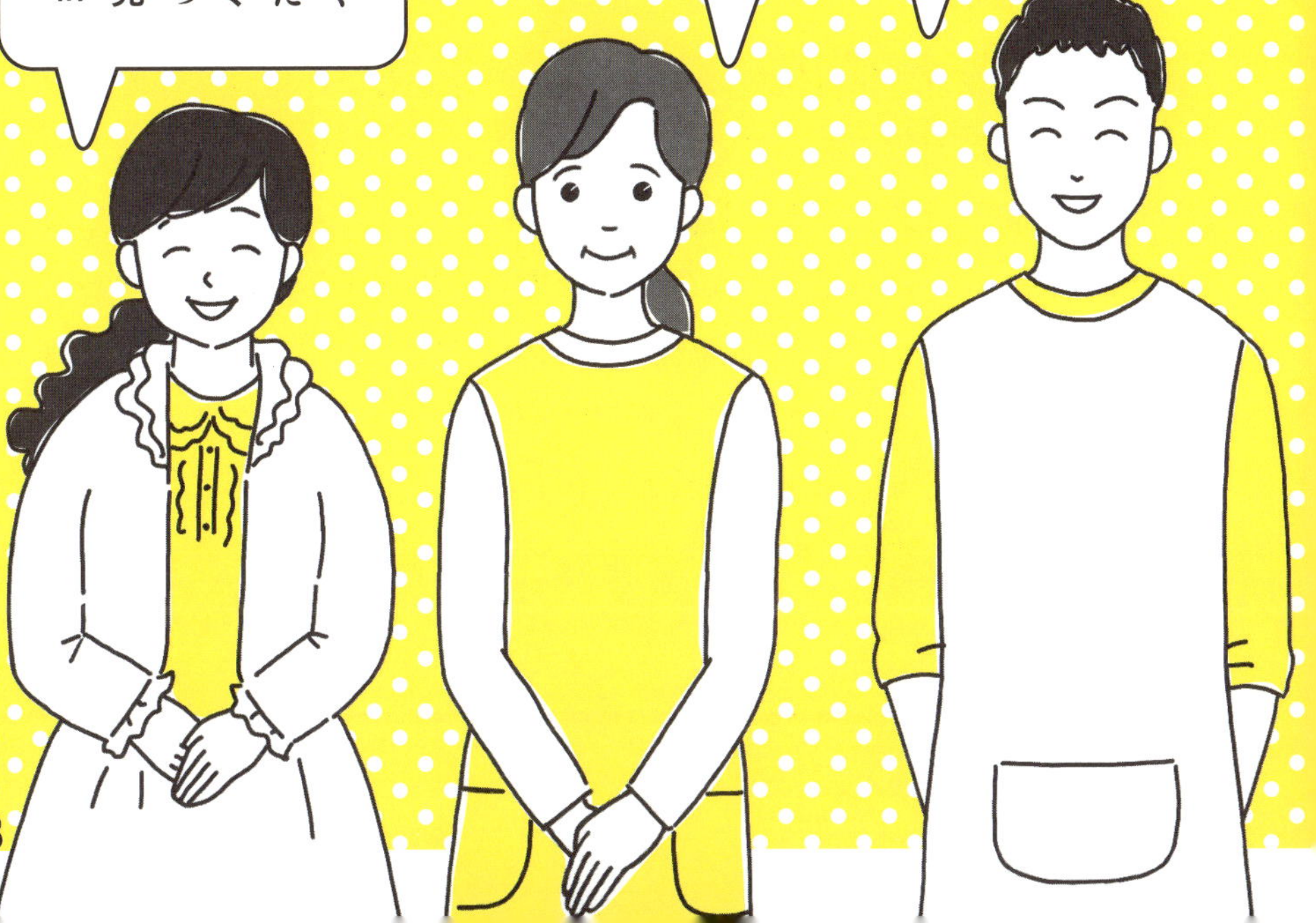

新しい指針・要領が示すもの 2

養護と教育の一体化

足立区の１歳児クラスの先生方と、年度当初に「手を洗う、食事のエプロンの片付け、着脱などは、子どもが自分でしたいというサインを出すまでは先生が丁寧に行う」ということを話し合い、決めたことがありました。見直しポイント４の事例を経てのことです。

するとその年の12月頃に、先生方から「子どもが自分からやりたがる姿が見られるようになってきました」と報告がありました。そしてそのときに、「実は、子どもからやりたいなんてことあるのかな？　と半信半疑だったのですが……。こちらが『え？　やるの？』ととぼけて聞いても『やる！』って言うときには、なんだか子どもたちも楽しそうです」と笑顔でおっしゃっていました。

人に言われて行うことと、自らの意思で行うことには、行動の結果は同じでも、子どもの内面に育つものは大きな差があると思うのです。

新しい保育所保育指針には、養護の理念として、養護的な働きかけや環境が大切であることや、養護と教育の一体化が改めて示されています。行為で育ちを捉えるのではなく、子どもの内面に「やってみたい」という気持ちがあるかを探り、援助をしていくことが大切だと考えています。そうした丁寧なやりとりと共に、「やってみたいな」と思ったときにできる環境を整えていく必要もあります。これらは、まさに養護と教育が一体となった関わりであり、援助であると思います。（伊瀬）

3

環境にひそむ「あたりまえ」

環境に
ひそむ
「あたりまえ」
やっぱり
あの園だから…
あの園の環境
まねしてみたけど
ダメだね～
Aちゃん！
それはそこから
もってかないよ～
2歳児だし！
あれも
あったら
いいかも
これも新たに
加えて…

見直してみるとどうなる？
よっ！
ハイ！
カチャ
カチャ
ついたて多すぎない？
でも前に講師に言われた通りです

見直し
ポイント 20

このあそびはここで！

5年前どころではなく、もっとずっと前。足立区立園の0・1・2歳児保育室の多くは、ただの広〜い部屋、遮るもののないワンフロアでした。

そこから、0・1・2歳児の生活やあそびをもっと保障するためには、子どもがあそびたくなるような環境にした方がいいのではないかという方向にシフト。構成あそび（積み木、ブロック、レール）や素材あそび（ままごと）、絵本、体を動かすことができる場所など、いくつかのコーナーがある保育室が主流となりました。

コーナーは、保育者が子どもの様子を捉えながら作っていくもの。でも当時は、場所も広さもおもちゃの量も、保育者の思いで決めていました。

意図をもって構成する分、子どもが保育者の思いとは違う動きをしたときに、「おやおや？」となりがちでした。

特に、子どもがおもちゃを持ったままコーナーを移動しようというときに、

「そのおもちゃは、ここであそぶんだよ」

「あっちに行くなら、それは置いていってね」

といった声かけが、よく飛び交っていました。

コーナーを設定していない園でも、部屋の外におもちゃを持ち出すのは禁止で、お

もちゃの持ち歩きが制限されていることが多かったのです。
また、0・1歳児の部屋では、おもちゃを持ってあちこちに行かないよう、ついたてを使ってコーナーをぐるりと囲っているケースもありました。

でも、特に1歳の頃は、探索したい気持ちが大きいとき。気に入ったおもちゃを手にしたままあっちこっち歩くのも、子どもにとっては楽しいあそびです。

それなのに、「これを持って歩きたい」「あっちに行きたい」という思いが叶わなかったら、子どもが泣き出すのは当然。自我が育ってきているからこそ長泣きになり、気持ちを切り替えられず……ということも。

子どもたちに好奇心をもってほしい、いろいろなことに興味を抱いてほしいと、頭では常々思っているはずなのに、つい「このあそびはここで」と、保育者が作った環境に子どもを当てはめて制止してしまっていたのです。

おもちゃがあちこち混ざり合うと片付けが大変になるという思いも、どこかにあったかもしれません。……いえ、確実にありました。

環境は、子どもに合わせて考えるもの。

危なくなければ、子どもの自発的な行動は可能な限り認めていって、何か困ったことがあれば、環境を見直していくのが大切だと、いまではわかります。

行きたい場所に自由に行けること、あそびたいおもちゃが自由に手に取れることをしっかりと保障することが、子どもたちの興味・関心を広げていくことにつながります。そのことを再確認すると、保育者たちの制止が減り、子どものあそび方がぐっと自由に、豊かに。いまでは環境の見直しも、頻繁に行われるようになりました。

この気づきで保育の質UP!

子どものあそびの自由度、豊かさは、保育者の器の大きさ、寛容さに比例する。

見直し
ポイント 21

柵をまたいで あっちへ こっちへ

0・1・2歳児クラスの保育室にあそびのコーナーが常設されるようになると、低いついたてや棚がいくつも使われるようになりました。

0・1歳児クラスの保育室には、ほふく室もあるので、大人が保育室内を移動しようとすると、なかなかの障害物の多さでした。

両手に荷物を持ったり、子どもを抱っこしたりしながら、柵やついたてを、ひょいひょいっとまたいでいく保育者。

ちょっとお行儀は悪いかも……と思いつつも、みんながやっている行為でした。

0・1・2歳児の子どもたちは「あ〜、先生、またいでる〜」とか、言いませんしね。

しかし、棚をまたぐ行為は、子どもたちに身につけてほしい姿ではありません。

子どもたちにはちゃんと、よけて通ったり、ドアを開けて通ったりしてほしいですよね。

「保育者って、子どもたちのモデルだよね」

ということを確認し合い、見苦しい行為はやめていこうと話し合いました。

また、子どもを抱えてまたぐのは、とても危険な行為だということも。

またぐ以外にも、抱っこした子どもを柵越しに受け渡すという行為も、よく行われていました。これが大人だとしたら、ありえませんよね。

体が小さいからと、「物」のように子どもを扱う行為も、子どもに丁寧に関わる保育を目指すうえで、すぐにやめなくてはいけないことでした。

それに子どもは自由に行き来できないのに、柵やついたてを先生たちがひょいっとまたぐ姿は、子ども目線でどう見えていたのかを考えてみると、大人として恥ずかしい気持ちになります。

柵は柵の出入り口から出入りする。ついたてはずらして通る。

荷物で両手がふさがっていても、いえ、ふさがっているときこそまたいではいけないということを、みんなで確認し合いました。

またぐのがお行儀の悪いことという認識はみんなもっていたので、あとはいかに「無意識でやってしまう」ことをなくすか、ということでした。

これまであまりにもナチュラルにやってしまっていたために、意識してやめることが難しく、結構いつまでも残っていた「あたりまえ」でしたが、

「誰も見ていなくてもまたがない！」

「だって私たちは子どもたちのモデルなんだから！」

そう、自分たちを叱咤激励しながら、モラルある振る舞いを心がけるようになった足立区の保育者たちでした。

この気づきで保育の質UP！

子どもたちの「モデル」としての自覚を！子ども目線で想像してみると……。

見直しポイント 22

保育室の鍵はちゃんと閉める

0・1・2歳児クラスの出入り口や、保育室にある柵などには、どの園でも、大人が開け閉めするタイプの鍵が付いていました。

鍵を閉めるのは保育者にとってあたりまえの日常動作でしたし、安全を守るために忘れてはいけない大切なことだとみんなが思っていました。

鍵をかける目的は大きく2つ。「指を挟まないように」「子どもがどこかに行かないように」という安全配慮です。

いろいろなあたりまえを見直す中で、これについても考えてみると……。「常に開けっ放しにしておけば指を挟まない」という新たな視点や、「子どもにも行きたい場所に自由に行く権利がある」という子ども主体の視点が出てきました。

新入園児がたくさんいて園全体が落ち着かない時期には、保育者が「ちょっと待っててね！」と出ていった子どもを追いかけていくよりも、扉の鍵を閉めて保育者がちゃんと保育室にいてくれる方が、子どもも安心して生活できるでしょう。

しかし、数か月もすれば子どもは、保育者との信頼関係を築き、園内を探索しはじめるようになります。すると、給食室のにおいや、ほかのクラスの声などいろいろなものに興味をもちはじめます。自由に行きたい場へ行くことが許されていないと、いつも閉まっている出入り口や柵を開け閉めするときに子どもが飛び出そうとすることも……。

安全はもちろん大事だけれど、「安全安心」という言葉の陰に、子どもの「行ってみたい」「やってみたい」という経験や社会性の広がり、「乳児期の学び」が隠れてしまってはいないか？

そう考えた足立区では、思い切って、出入り口のドアの鍵を使わないようにしました。ほふく室の柵の入り口のドアを取り外す園も出てきました。

あそびや生活のスペースは、可能な限り、子どもが自由に行き来できるようにしたのです。

長時間過ごす園だからこそ、自分のいる場所を選べるのは、子どもにとって当然の権利。これまでも尊重していたつもりだったけれど、子どもにとって、それは大きな変化だったのでしょう。次第にかみつきの数も減っていきました。

それまで、行動範囲を制限することで守ろうとしていた0・1・2歳児の安全を、全職員のまなざしで守る方向にシフト。園全体に「乳児は探索が楽しい時期」「行ってみたい気持ちを尊重する」という理解が広がると、土曜保育など担当がいないときにでも、子どもがぐずることが少なくなりました。

鍵のことだけでなく、「のぞかれると子どもたちの食事の手が止まるから」と、食事中にカーテンを閉めるなど、0・1・2歳児の保育はなにかと「閉じ」がちです。「閉じる」ことで、そのときだけは平穏な保育になるかもしれませんが、根本的な解決とは違います。子どもたちにそれで何が育つのか、何が獲得されるのかという視点をもって、安全安心の守り方を考えていきたいですね。

この気づきで保育の質UP!

その鍵は、何のため？　誰のため？
あたりまえから、意図のある使い方にチェンジ！

見直し
ポイント 23

これは
0歳児
クラスのおもちゃ

年度末が近づき、来年度の担当クラスが発表されると、保育者はそれぞれ新年度に向けた準備を始めますよね。

大変だけれども、どんな風にしていこうかと気合いも入る作業です。

新年度の環境を考えるとき、以前の足立区立園では、「0歳児クラスのおもちゃ」「1歳児クラスのおもちゃ」「2歳児クラスのおもちゃ」というように、各クラスのおもちゃがある程度決まっていました。そのおもちゃをどう配置するかを、新担任が考えていました。

保育の見直しが進み、子ども主体で考えることが増えてくると、進級時のおもちゃの扱いについても、新たな考えが出てきました。

進級は、0・1・2歳児にとっては、かなり大きい変化。

慣れた先生が突然いなくなり、違う部屋で過ごすことになり、とにかくいろいろと違ってしまうわけです。

だから、せめてあそびの環境はつながりをもたせて、少しでも不安な気持ちを和らげて、安心して過ごせるようにしようという考えです。

4月の指導案は新しい担任が作成するとしても、少なくともおもちゃやあそびの環境は、前年度の担任が手厚く引き継ぎをしたりフォローしたりする。

そして、新年度になって子どもの姿が見え始めたら、新担任が子どもの姿に合わせて変えていく。「前担任の保育」と「新担任の保育」を重ね合わせていくことが大事だね、という気づきがありました。

急な異動や事情により前担任と十分に連携できない場合にも、前年度に使っていたおもちゃと一緒に進級することは、簡単にできます。子どもたちが使わなかったら元のクラスに戻せばいいだけです。

張り切って、「さあ、新クラスだよ！」と新しいものばかりにしてしまうのは、0・1・2歳児には逆効果だという認識が広がるようになりました。

4歳児クラスから5歳児クラスに進級するときだって緊張する子もいるし不安になる子もいるけれども、「いちばん大きい組に行ったら……」と期待をもっている子の方が多いでしょう。

進級による変化が張り合いになったり、不安なことを自分の力に変えていけたりする3・4・5歳児と、環境の変化に不安が大きい0・1・2歳児。
そうした発達の違いを確認しながら、0・1・2歳児の保育についての学びをコツコツと積み重ねていきました。

この気づきで保育の質UP!

子どもたちの進級による不安に共感を。「おもちゃと一緒に進級」という考え方もある。

見直しポイント 24

教わった通りに実践しました！

乳児保育の見直しが始まると、研修や公開保育などに参加する機会が増えました。熱心な保育者たちは、そこで学んだことや指導されたことを、一生懸命実践しようとしました。

あそび環境についたてを取り入れる保育方法を学んだA保育者。教わった通りに保育室についたてを導入。子どもたちのあそび込む姿が見られるなど、一定の効果を感じました。そして、そのついたては一年中そこに置かれたまま。子どもたちの成長に伴って、邪魔になってきていることに、なかなか気づけないでいました。

研修に参加し、「キャラクターの取り入れ方はよく考えて」という内容を聞いてきたB保育者。園に戻るといそいでキャラクター絵本を集めてひもでくくり、倉庫へポイ！別の機会にその講師に会ったときに、「絵本はちゃんとしまいました」と報告すると、「そこまでの必要はなかったのに。悲しんでいる子どもはいない？」と言われてしまいました。

A保育者とB保育者に共通するのは、「なぜそれが大事か」「なぜそのアドバイスなのか」の本質を考えないまま実践していたということです。

どうしてついたてが子どもたちにとってよかったのかという理由がわからないまま、言われた通りに実践したために、子どもたちの姿が変わっていったときに、うまく調整することができなかったのです。キャラクターについても、なぜ取り入れ方を考える必要があるのかという本質を考えず、表面の部分だけを捉えてしまったのでしょう。

自分で考えて保育に取り入れていかないと、取り入れた後に、子どもに合わせて微調整していくことができません。

このことは、現場に入っている他職種の方との連携においても、とても必要なポイントです。

他職種の方は、その専門分野から、さまざまな助言をしてくれる、頼れる存在です。でも、やはり最後には、「目の前の子どもにとってどうか」「保育内容としてどうか」というフィルターを通すことが大切です。

アドバイスされても、考えてみた結果、違うと思ったらやらなくてもいいのです。そして、保育を振り返り、やってみてダメだったら、元に戻せばいいのです。

実践するときに、「言われた通りにやったら、私の保育ももっとよくなるのかも！」というポジティブな姿勢は大事ですが、目の前にいる子どもに合わせて考えるという視点も必要だと、徐々にわかっていったのでした。

この
気づきで
保育の質
UP!

「教わった通り」のその先へ。
考えて取り入れることで、変えていける。

見直しポイント 25

「あの園だから」

足立区立園の保育者たちのいいところのひとつに、
「いいと思った実践はすぐにまねをする！　まねすることにためらいはナシ！」
というフットワークの軽さがあります。

保育の見直しを始めて2年目の年。各園の保育者が参加した研修で、ある園の1歳児のあそびの様子が紹介されました。

トングを使うあそびをすることで、ちょうどその頃の子どもたちに経験してほしかった手や指の動きができたという事例でした。

そのあそびの映像を見て、「いいね！」と思った保育者たち。さっそく各園にもどって、トングをまねっこすることにしたのでした。

とにかくやってみよう！　という勢いはものすごい足立区の保育者たち。

近隣の100円ショップから、トングが一斉に消えたとか消えなかったとか……。

研修で紹介された実践園では、子どもが使いやすい短めの、子どもの力で動かせる、先にシリコンのついた危なくないものを使用していました。まねした園で導入されたトングは、子どもの手にはだいぶ大きかったり、やたら長かったり、先も金属むき出しのものだったりしました。

また、実践園では、「うちのクラスの子どもの発達にぴったり」とか、ちょっと力を入れるとつかめるところがいいとか考えて提供していたわけですが、まねした保育者たちが、どこまで考えて提供していたかというと……どうだったでしょうか。

トングはあるけれどトングでつかむ物がない園では、子どもがトングで戦ったり、挟み合ったりしてしまいました。危ないので、トングは片付けられ……。

ほかの園では、プラスチック製の丸形のトマトしかなくて、子どもはトングで挟んだトマトを手で支えて運んでいました。あそびが続かず、トングは自然消滅……。

そういうときに必ず出てくるのが、「まねしてみたけれど、うちの子たちにはダメだった」とか「あの園だからできるのよ」という保育者の発言です。

実際は、子どものせいではなく、保育者の提供の仕方の問題。

素敵な実践をまねするときに、一体その「何が」素敵だと思ったのか、よく考えてみます。それから、「いまの子どもたちにならどういう出し方かな」とか、「そもそもいま、子どもたちはどんなふうにあそんでいるんだろう」というように、自分の保育を見るいい機会だと捉えれば、全然悪いことではありません。

「この前はダメだったけど、そろそろいいんじゃない？」と、一度ダメだったものも取っておいたり、「うちのクラスには早かった～」「じゃ、2歳はどう？」と共有したり。保育の引き出しが増えていくということなので、挑戦したことは、決して無駄にはなりません。

考えて、やってみて、考えていく。この試行錯誤を、いまも繰り返しています。

この気づきで保育の質UP!

「あの園だから」はNGワード。とにかくいろいろやってみる。そして考える。

新しい指針・要領が示すもの 3

職員の資質向上

保育について話し合いをするときに、足立区の先生方は「この園ではこういうやり方だから」「去年もやっていたから」という、いわゆる「あたりまえ」に縛られることが少ないように感じています。また、「あたりまえ」をすべて否定するわけでもなく、子どものためにはとても柔軟です。「いま目の前にいる子どもたちのために」という視点を大切にして、「やってみよう。ダメなら、また考えよう」という前向きな姿勢は、「学び続ける保育者」そのものでした。

新しい保育所保育指針には、第５章「職員の資質向上」で、保育者に求められる専門性と、保育の質の向上への取り組みについて示されています。また、キャリアアップの研修も始まっています。研修の機会が増えるのはいいことですが、それにつれて、保育に還元するゆとりや、学びを共有する時間の捻出に苦労している先生方も多いと聞きます。

足立区立保育園・こども園の公開保育は、地域の私立園や小規模保育所の方など様々な方が参加できるように開かれています。短時間いらっしゃったり、途中で自園に戻られる先生もいます。もちろん、終日参加ができる方が良いけれども、それでは参加が難しい園・所もあります。

保育を学ぶ機会は提供するけれども、その学び方はその園なりにどうぞ、という参加者への配慮に満ちた研修の取り組みは、ぜひ参考にしたいところです。（伊瀬）

4

まだまだある！「あたりまえ」

まだまだ
ある！
「あたりまえ」
しっ！
ギャー
行事を
見直すと…
園内ルールを
見直すと…
さわると
こわれちゃうから
見るだけよ～

保育の振り返りを見直すと
午前中、落ち着かなかったね～
バタバタしてたね
ZZZ
非常勤職員連携の難しさを見直すと…
子どもが今、自分でどうするか考えてたのに～!!
担任は何モタモタしてるのよ!
!!
あらあら、危ないわよ～
公開保育を見直すと…
今日のあの場面は……
いつもは違うんです!

見直し
ポイント 26

行事だよ！
全員集合！

運動会や発表会、毎月の誕生会など、全クラスが参加する行事ってありますよね。足立区立園でも、それらの行事には0・1・2歳児も全員参加。日頃の「家庭的な」「ゆったりとした」保育もそのときばかりは封印。行事のスケジュールに合わせて行動していました。

0・1・2歳児保育を見直していく中で、「行事だからって、日頃の保育と大きく違っていいのかな？」という疑問が出てきたのは自然な流れでした。

まず、誕生会への出席を、見直す園が出てきました。

3・4・5歳児なら、みんなの前に出てインタビューされることも楽しく、友達の姿を見て「自分の誕生会はまだかな」と期待をもって待つこともできます。来てくれた自分の保護者が、「生まれたときはどうでしたか？」とか聞かれて、自分のことを話してくれているのが、気恥ずかしいけど嬉しかったりとか。

それに比べて、0・1・2歳児の場合は、見通しをもって誕生会を待つことが難しいので、おうちの人が来ていたら、いつもと違う雰囲気に驚いてしまいますよね。

もちろんその中で、楽しく過ごせるように工夫することもできます。でも、行事がその年齢の子どもにとって必要な経験なのかと考えたときに、3・4・5歳児の保育内容や保育方法と0・1・2歳児は違って当然だということに気づいたのです。

運動会や発表会も、見直してみると、全員参加であることが絶対に必要かといえば、そうではありませんでした。いつもと違う環境の中で、幕が開いたら知っている顔も知らない顔もいっぱい。その驚きや緊張を励みにできるのは、やはり幼児クラスになってからでしょう。0・1・2歳児の参加をやめたり、保護者と一緒に過ごせるようにしたりと、「幼児と同じ」を見直す園が出てきました。

どの行事も、子どもの気持ちはどうあれ、やらせればできるし、楽しめる部分もあるでしょう。けれど、その年齢の発達にとって必要なのだろうかという視点で考え始めたのです。

0・1・2歳児の発達に必要な経験だと断言できない行事のために、子どもたちと関わる時間は確実に奪われている。であれば、一年に一回しか着ないかわいい衣装作りに手をかけるのではなくて、毎日使う手作りのおもちゃや環境に手をかける方が、子どもにとっていいだろうというのが、足立区が導き出した結論でした。

行事への参加をやめた園では、思わぬいいことも！

0・1・2歳児担任たちが、3・4・5歳児の行事の手伝いができるようになったのです。幼児クラスの担任たちはもちろん喜びましたし、その分子どもにかけられる時間も増え、園全体にとってプラスの効果があったようです。

この気づきで保育の質UP!

0・1・2歳児の発達に必要な経験、0・1・2歳児にふさわしい行事を考えてみる!

見直しポイント 27

壊れるものは触らせない

昔と違って、どこの家庭でも伝統行事をするわけではありませんから、園でその体験を保障することは、大切になってきています。端午の節句の鯉のぼりに七夕の笹飾り、桃の節句のひな人形など、どの園でも飾られていると思います。

ひなまつりの時期には、大きなひな壇が園内に登場。その美しい細工に、子どもたちも興味津々です。繊細な作りになっている部分も多いため、取り扱いには注意が必要……。子どもたち、特に小さい子たちが触って壊さないようにと、「触らないよ！ダメダメ！」と、保育者たちも神経をとがらせます。「このビニールテープから内側には入ってはいけません」という規制線が貼られていたり、自由に出入りできない部屋に飾っていたりする園も少なくありませんでした。

しかし、興味があったら触ってみたいと思うのは、子どもにとっては自然なこと。そもそも、おひなさまを展示する目的は、子どもたちに伝統行事に親しんでもらうためのはずでは？　ということになり、規制テープは撤去。

設置場所も、「みんなが気軽に見られる場所はどこ？」という発想になり、奥まったところにあるホールなどではなく、玄関近くのみんなが通る場所に移動させた園もありました。

物を大切に扱うことは知らせていきたいことですが、テープで囲んだり制止したりするばかりでは、本質的な「大切なものだからやさしく丁寧に扱う」という学びにはつながらないのではないかと考えるようになりました。


実際に触って壊してしまう子どももいますが、なんだろうと興味をもって触れたことについてはしかったりしないようにしようという姿勢に変わっていったのです。

ひな人形を落としてしまった2歳児が、ビックリして、困って、考えて、ひしゃくを元に戻している姿や、お重のような箱を、「何が入っているのかな？」と期待して開ける1歳児の姿を、保育者たちはじっと見守ります。

「落としちゃったときは、どうするのかな～と思って。直しに行ってあげようかと思ったけど、ちょっと待っていたら自分なりに直したの」

「重箱の中、毎年だれか開けるから、来年は何か入れておいたらいいかな？」

「1歳になるとまっしぐらに触りに行くよね。視野が広がるんだろうね」

といった、保育者たちの会話も、触るのを禁止していたときにはなかったものでした。

この気づきで保育の質UP!

大切なものをやさしく扱うまでのプロセスを見守ろう。

「触らないで見る物だよ」という指導方法も、時と場合によってはあるでしょう。ストーブなどの危ないものは、興味があってもやはり触らせられません。

でも、いろいろなものに興味・関心をもってほしい、好奇心をもってほしいと育ちを願う気持ちから、保育の場にあるものは、できるだけ自由に触らせてあげたい。そう考える園が増えてきました。

落ちたり壊れたりしたら、直すところまで保育者が見せてあげればいい。そう考えるようになると、保育者たちの「壊さないように」というストレスもなくなりました。

見直しポイント 28

今日の保育を振り返る

0・1・2歳児クラスの保育の振り返りは、午睡の時間。連絡帳や日誌を書きながら行われていました。その振り返りの時間は、ずっと前からあったものですが、その内容はというと、

「葉っぱあそび、盛り上がったね」

「みんな楽しそうだったよね」

「でもその分、公園出るのが遅くなって、食事がちょっとばたばたしてしまったね」

と、クラス全体を捉えた話がほとんどでした。


一人一人を大切にした保育が定着してくると、振り返りの内容に変化が。

同じ公園に行き、同じ葉っぱであそんでいたとしても、「Aちゃんは葉っぱを踏んで音を楽しんでいた」「Bちゃんはいっぱい集めて楽しんでいた」と、子ども一人一人、楽しんでいるポイントは違うよね、という視点から話すようになりました。

さらには、「あそこで声をかけてよかったのかな？」と、保育者の関わりについても語られるように。以前は保育中に迷うこと自体が少なかったのですが、次第に「あれでよかったのか？」という迷いがたくさん出てくるようになっていました。

以前は、「Aちゃんはこっちでアリを探していたよ」といった子どもの姿を話す人

はいても、自分の子どもへの関わり方について話す人は多くはありませんでした。それが、
「私が、忍者っぽく木の陰に隠れたら、かくれんぼが始まって……でも終わり方がわからなくて、結局『はい、終わり〜』とかで締めちゃって……」
と、自分のしている援助や配慮、うまくいかなかったことについて話すようにもなっていったのです。

保育中にほかの保育者がどんな保育をしているかは、たとえ同じ場所にいたとしても、しっかりとは見ていないものです。

振り返りの場で、子どもの姿と一緒に自分の保育についても話されることではじめて、「この人はこんな保育をするんだ」と気づくこともあります。

いい保育についてはもちろん、「失敗したかも」「どうしたらよかったのか迷う」ということについても、共有することで子ども理解が深まっていきます。

無意識に動きがちな人が、「自分は何も考えずにやっていたな」と自分の保育について考えるきっかけになったり、一つのやり方にこだわりがちな人も「いろいろなやり方があるんだな」と思えたり。

みんなが保育について考えたり振り返ったりするきっかけにもなるでしょう。

いまは、子どもの姿を語るときに、「みんなで」と言うと、「みんなって誰よ？」とすぐにツッコミが入ります。

クラス全体についての話から、子ども一人一人の話になり、さらに自分の保育についても振り返ることができる集団が育ってきました。

この
気づきで
保育の質
UP!

成功、失敗、悩みは共有してなんぼ。
実りのある振り返りが、保育の質を上げる！

見直しポイント 29

非常勤との連携が難しい

非常勤の先生は保育のパートナー。保育の大事な担い手です。

子どもたちにとっては、常勤も非常勤も関係なく、みんな先生。朝夕しかいない職員も、子どもが毎日会う、大切な先生です。

でも、保育の見直し前にさかのぼると、当時の非常勤の先生の扱いは、はっきりいって「アシスタント」。「人手が足りないから入って」「手作りおもちゃ作っておいて」というような、「お願いする人」と「お願いされる人」の関係でした。

担当制が導入されて、少人数で過ごそう、子どもの意志を尊重しようというようになると、常勤の先生たちだけでは十分に対応できない場面が出てきました。非常勤の先生に常勤と同じように保育をしてもらわないと……という状況になって、常勤職員たちの中に、「ありがとうございます」という感謝の気持ちが生まれてきたのです。

しかし、対等に保育をするようになると今度は、非常勤の先生との連携がうまくいかないと悩む保育者が増えました。

研修で愛着形成について学び、子どもの意志を尊重しようとぎりぎりまで見守るようにしようとしている担当のその横で、いとも簡単に「はい、危ないよ～」と止める非常勤の先生。担当は「止めないでほしかった！」となり、非常勤の先生は「これまで同じことをしているのになんで?」となる……という具合です。非常勤の先生にも「常勤の先生たちは何も教えてくれない」という不満が溜まっていました。

非常勤の先生が悪いのではなく、方針が共有できていないのが問題。

それに気づくと、「いまこういうふうに保育の見直しをしてるから、一緒に頑張ろう!」と、伝える努力をするようになっていきました。

非常勤の先生たちから「自分たちも研修を受けたい」と直訴があり、非常勤の先生たちだけのために講師を呼んだという園もありました。

それまでも区としては非常勤研修を実施していましたが、担当制導入にともなう乳児保育の研修はしていませんでした。各園の様子から、非常勤職員との情報共有が喫緊の課題であると感じ、乳児保育の研修を行うことに。

これには常勤の先生たちも大賛成! 同じ方向を見て頑張っていけると喜ぶ声が多かったです。

非常勤の先生たちも、保育の背景がわかってすっきり! また、「研修を受けさせてもらえることで、自分たちが保育の担い手として大事にされていると感じてうれしかった」という感想も多く寄せられました。

非常勤の先生に何を求めるのかはその園の姿勢によりますが、一緒に保育をしていく人であることは間違いありませんよね。

足立区では、より「一緒に保育を作り上げていく人」として非常勤の先生を重んじることで、保育全体の質を上げようとしています。

この
気づきで
保育の質
UP!

子どもにとってはみんな「先生」。保育内容や方法を学ぶ機会が、すべての先生にありますか？

見直しポイント 30

公開保育はやりたくない

公開保育は、保育の見直しを始めて2年目から徐々に広がっていきました。

それまで他者の保育を見に行くことも、見られることも少なかった足立区の保育者たち。ましてや他園の園長や保育者、大学の教員や専門家が総勢20～30人で見に来るなんて、とても緊張することでした。


ですから最初の頃は、公開保育の押しつけ合い！　決まった園の先生は、暗い表情になっていたものです。

当時のイメージでは、公開保育は自分の悪いところを指導される嫌なもの。見に来た園長や講師からの質問はすべてがダメ出しに聞こえ、

「いつもはきちんと、やってるんです」

「今日はたまたま先生たちがいっぱいいるから、子どもたちがこうしたんです」

と徹底ガード！

「いつもは違う」「今日だけ」「偶然」というワードは、当初よく使われていました。

公開保育中、無意識のうちに、子どもたちに普段は使っていない敬語で話しかけてしまっている保育者も。

そのくらい、保育を公開することに慣れていなかったのです。

見られるのは緊張する、指摘されるのは嫌だ、とかたくなになっていた保育者たち。しかし、見たり見られたりを繰り返すうちに、公開保育は、日頃の保育の振り返りをしたりもっと保育が工夫できるポイントを提案してもらえる場であり、自分が責められる場ではないということがわかってきました。

また、研修でグループワークをしたり、園内で話し合うことが増えたりする中で、自分の考えを伝える経験を積んでいくと、質問されてもねらいや意図を言語化できるようになってきました。

当初の「見られたくない」とは逆のケースで、「保育で悩んでいる場面を見てもらって、いいアドバイスをもらおう！」と思っていたのに、「その日に限って子どもたちがとってもいい子」ということもあります。

子どもたちがたくさんのギャラリーに緊張してしまったから？　それもあるかもしれませんが、もしかすると、保育者自身の保育がいつもより丁寧に行われていたからかも……!?　見られることって、大事です。

いまやすっかり、公開保育をするのが「あたりまえ」になりました。もちろん準備などの負担はあるのですが、「自分たちの保育をブラッシュアップするためなら！」「どうぞ見てもらって、改善するところがあれば言ってください！」と、ポジティブな姿勢で臨む園が多いように思います。しり込みをする園に「え、やらないの？　じゃあうちが2回やっていい？」と言う園長もいます。公開保育が質の向上に大きな影響を与えることを実感しているからでしょう。

この「あたりまえ」は、ずっと続いていくといいと思っています。

この気づきで保育の質UP！

「公開保育って悪くない」と思える日はきっと来る。やるだけの価値がある、学びの宝庫！

あとがき

保育の質を上げるには
～保育者の専門性への信頼と期待～

この5年間、足立区の保育園・こども園の皆様と乳児保育の見直しに取り組む中で、悩んだり、考えたり、たくさん話し合いをしてきました。

保育園・こども園という場で、子どもたち一人一人の「もっとあそびたい」とか「お腹が空いたから食べたい」という気持ちを受け止め、満たしていくことの難しさに何度も直面し、その都度、子どもの姿を見つめてきました。

本書は、乳児期の保育について、研修を重ねながら、保育を振り返り、立ち止まったり、後戻りしたり、一歩進んだりといった、うまくいかなさも含めた保育のありようを示しています。そうすることで、他の地域で保育をされている先生方、保育施設を立ち上げられて試行錯誤されている方々など、多くの方の保育の振り返りにお役立ていただけるのではないかと考えました。

足立区では、生活習慣の場面で、可能な限り特定の保育者が関わる担当制保育の導入を試みました。

担当制保育や育児分担といわれる保育形態は、乳児期に個別的な関わりをしたいという保育者の思いから生み出されてきた保育形態だと思いますが、この保育形態だからいいということでも、そうでない園に何かが不足しているということでもありません。

足立区の場合は、担当制を導入したことにより、あそびは担当者を中心にして、園の教職員みんなで支えていこうという視点がこれまで以上に深まり、それが定着していったことが、豊かな保育につながっていったのではないかと思えます。

現在、小規模保育、事業所内保育施設、家庭的保育など、0・1・2歳児の保育の場が新設されたり、定員が拡大されたりしています。待機児解消は足立区でも課題となっており、私立園の新設など量的な拡大をしています。

足立区では、量的拡大と共に、早い段階から保育の質を高める取り組みを始めていたように思います。区立、私立、認可、認証、小規模、家庭的保育など、多種多様な保育施設がありますが、どこに勤める保育者にも、子ども理解を深めたり、保育者が保育を振り返ったりする多様な研修が提供されています。そして研修の内容も、現場の困っていることを丁寧にすくい上げたテーマで、そのテーマに合わせて招く講師を検討し……と、常に現場ベースです。

保育者が学ぶことが質を向上させ、それが子どもの幸せにつながるという、保育者の専門性への信頼と期待を、区の姿勢から感じることができます。

これまで、取り組みを温かく見守り、刊行をお許しくださいました足立区教育委員会関係者の皆様に厚くお礼を申し上げます。
最後に、足立区立保育園・こども園の子どもたち、保育者の皆様なくしては、この宝物のような本は生まれませんでした。心から感謝申し上げます。

伊瀬玲奈

●実践および取材協力

足立区立保育園、足立区立こども園

●監修

足立区教育委員会就学前教育推進担当

足立区教育委員会に設置された就学前教育推進課にて、乳幼児期の教育・保育を支える体制作りや研修企画など、現場の保育者を支援する諸々の業務を担う。園長級の職員も多数在籍し、就学前施設の保育力向上のため、日々奔走している。

●編著

伊瀬玲奈（和洋女子大学 こども発達学科 准教授）

保育現場に勤務した後、東京未来大学こども心理学部講師を経て現職。
0.1.2歳児の保育に関する研究に取り組んでいる。足立区が乳児保育の見直しに取り組み始めた初年度から、集合研修や園内研修等に携わる。著書に『3つのカベをのりこえる！保育実習リアルガイド』（学研教育みらい）（共著）など。

● STAFF

デザイン――ベルソグラフィック（吉崎広明）
イラスト――ベルソグラフィック（にしだきょうこ）
本文DTP――ベルソグラフィック
編集協力――緒方麻希子
校　正――鷗来堂